历史穿越报
秦汉卷

彭凡 著

化学工业出版社
·北京·

图书在版编目（CIP）数据

历史穿越报.秦汉卷/彭凡著.—北京：化学工业出版社，2018.9（2025.3重印）
ISBN 978-7-122-32678-2

Ⅰ.①历… Ⅱ.①彭… Ⅲ.①中国历史-秦汉时代-儿童读物 Ⅳ.①K209

中国版本图书馆CIP数据核字（2018）第159883号

责任编辑：刘亚琦　丁尚林　　　　　　装帧设计：尹琳琳
责任校对：宋　夏

出版发行：化学工业出版社（北京市东城区青年湖南街13号　邮政编码100011）
印　　装：天津裕同印刷有限公司
710mm×1000mm　1/16　印张13½　2025年3月北京第1版第13次印刷

购书咨询：010-64518888　　售后服务：010-64518899
网　　址：http://www.cip.com.cn
凡购买本书，如有缺损质量问题，本社销售中心负责调换。

定　价：39.80元　　　　　　　　　　　　　　版权所有　违者必究

秦汉帝王世系表

帝号	姓名	在位时间
秦		
秦始皇	嬴政	前221年—前210年
秦二世	嬴胡亥	前210年—前207年
秦三世	嬴子婴	前206年
西汉		
汉高帝	刘邦	前202年—前195年
汉惠帝	刘盈	前195年—前188年
高后	吕雉	前188年—前180年
汉文帝	刘恒	前180年—前157年
汉景帝	刘启	前157年—前141年
汉武帝	刘彻	前141年—前87年
汉昭帝	刘弗陵	前87年—前74年
汉废帝	刘贺	前74年
汉宣帝	刘询	前74年—前49年

续表

帝号	姓名	在位时间
西 汉		
汉元帝	刘奭 (shì)	前 49 年—前 33 年
汉成帝	刘骜 (ào)	前 33 年—前 7 年
汉哀帝	刘欣	前 7 年—前 1 年
汉平帝	刘衎 (kàn)	前 1 年—6 年
孺 子	刘婴	6 年—9 年
新 朝		
	王莽	9 年—23 年
玄 汉		
汉更始帝	刘玄	23 年—25 年
东 汉		
光武帝	刘秀	25 年—57 年
汉明帝	刘庄	57 年—75 年
汉章帝	刘炟 (dá)	75 年—88 年
汉和帝	刘肇 (zhào)	88 年—105 年

续表

帝号	姓名	在位时间
东 汉		
汉殇(shāng)帝	刘隆	105年—106年
汉安帝	刘祜(hù)	106年—125年
汉前少帝	刘懿	125年
汉顺帝	刘保	125年—144年
汉冲帝	刘炳(bǐng)	144年—145年
汉质帝	刘缵(zuǎn)	145年—146年
汉桓帝	刘志	146年—167年
汉灵帝	刘宏	168年—189年
汉后少帝	刘辩	189年
汉献帝	刘协	189年—220年

前　言

　　一般的历史书，记录的都是过去的回忆。但是，我相信，人们更想亲自回到古代，看看古人的真实生活、历史的真实面貌。

　　如果回到过去，你会发现，那时的土地，就像现在的房子一样金贵；那时的人们渴望飞上蓝天，就像我们今天渴望到达宇宙边缘一样执着；那时的人们发明火药、指南针，就像现在我们发明了电脑一样伟大……

　　那时虽然没有电视，没有网络，但也有数不完、道不尽的新闻。那时的人和现在的我们一样，也要学习、工作和娱乐，也会七嘴八舌地讨论当时最流行的话题，疯狂地崇拜明星。

　　例如，当花木兰从战场上回来后，女扮男装成了一种时尚；

　　当岳飞被秦桧害死后，老百姓一边痛骂秦桧，一边怀疑岳飞的真正死因；

　　当朱元璋从一个放牛娃变成皇帝后，全天下的放牛娃都受到了鼓舞；

　　……

　　现在，你是不是迫不及待地想回到古代，在第一时间了解这些新闻呢？别急，我们已经派人穿越到过去，将你想知道的事情一一记录下来，刊登在《历史穿越报》上啦。

　　为了方便大家阅读，我们将《历史穿越报》做成了合订本，一共

10本，每本12期，分别介绍了从夏朝到清朝十个阶段的历史。

我们的记者队伍非常庞大，他们分布在全国各地，将自己身边发生的新鲜事儿记录下来，寄到我们的编辑部。在这些记者中，有人喜欢记录重大事件，我们将这些稿件放在《天下风云》栏目；还有人喜欢搜集趣闻八卦，我们将这些稿件放在《八卦驿站》栏目。

《历史穿越报》还有一批非常勤奋的通讯员，每天穿梭在各大茶馆。不过，他们可不是去喝茶的哦，而是为了搜集百姓的心声，然后刊登在《百姓茶馆》栏目中。

我们还有一位大嘴记者，专门负责采访当时最杰出，或者最有争议的人物。他是一个非常大胆的家伙，就算是皇帝，他也要刁难一下，大人物对他的采访既期待又害怕。

此外，编辑们还选出了一部分读者来信和广告，刊登在报纸上。

总之，每一期报纸，既有精彩好看的新闻报道、另类幽默的名人访谈，又有轻松搞笑的卡通漫画、五花八门的宣传广告……翻开这本书，就如同亲身穿越神秘的上下五千年。

希望大家在读完这份报纸后，能更真切地了解中国五千年的历史，并能从中习得经验和教训，获得知识、勇气和快乐，让我们的穿越工夫没有白费。

目 录

第❶期 千古一帝秦始皇

【烽火快报】兄弟，对不起了！ ……………………………………… 15
【天下风云】没有永远的兄弟→百姓有福，官吏从此不世袭→有规有矩，天下不再乱糟糟→焚书坑儒，始皇帝的暴行谁来管→大秦面临危机，太子如何是好→胡亥夺位，赵高专权→黑白颠倒，赵高指鹿为马 ………………………………… 16
【八卦驿站】巍巍长城，被孟姜女哭倒？→惨绝人寰，秦始皇竟用活人陪葬？ …………………………………………………… 27
【名人有约】特约嘉宾：嬴政 ……………………………………… 29
【广 告 铺】征童男童女3000名→孟姜女庙捐款活动→寻人启事 …… 31

第❷期 轰轰烈烈的农民大起义

【烽火快报】老实巴交的农民居然起义了 ………………………… 33
【天下风云】起义军亡秦之心不死→巨鹿大战，项羽破釜沉舟→傀儡大王不好当→项羽杀子婴，秦王朝灭亡 ……………………… 34
【八卦驿站】天命所归，刘邦是赤帝子下凡？ …………………… 40
【名人有约】特约嘉宾：项羽 ……………………………………… 41
【广 告 铺】诛杀令→招兵启事→约法三章 ……………………… 44

第❸期　硝烟弥漫的楚汉之争

【烽火快报】	逃兵竟成了汉军大将 ························ 46
【天下风云】	明修栈道，暗度陈仓→彭城大战，56万大军不敌3万士兵→楚霸王乌江自刎→平民小子一步登天做皇帝→为何不能论功行赏→刘邦脱围，公主远嫁 ························ 47
【八卦驿站】	开国功臣韩信曾受胯下之辱 ························ 58
【名人有约】	特约嘉宾：刘邦 ························ 59
【广　告　铺】	释放奴婢诏令→允许士兵归家诏令→寻人启事 ························ 62
【智者为王】	智者第1关 ························ 63

第❹期　文景之治的繁华盛世

【烽火快报】	开国皇帝刘邦驾崩 ························ 65
【天下风云】	皇宫惊现"人彘"→惠帝病逝，吕后执政→吕后病逝，代王继位→汉文帝：让大汉走向繁荣的好皇帝→景帝错杀晁错，周亚夫平定七国之乱 ························ 66
【八卦驿站】	文帝慰问军队，吃了个闭门羹→平乱功臣遭人陷害 ························ 74
【名人有约】	特约嘉宾：刘恒 ························ 77
【广　告　铺】	谁说女儿不如男→招工启事→吕后的感谢信 ························ 79

第❺期　雄才大略汉武帝

- 【烽火快报】 马邑诱敌，偷袭失败 ··· 81
- 【天下风云】 罢黜百家，独尊儒术→推及皇恩，独揽大权→卫青凯旋，李广自尽→张骞通西域→李陵将军为匈奴练兵？→东方朔吞"仙丹"→巫蛊之祸，太子也被诬陷 ··· 82
- 【新闻广场】 《史记》：一本书写了13年 ··· 93
- 【八卦驿站】 金屋藏"娇"→一曲凤求凰，成就美好姻缘 ··· 95
- 【名人有约】 特约嘉宾：李广 ··· 100
- 【广 告 铺】 盐铁令→细君公主和亲公告→轮台罪己诏 ··· 102

第❻期　霍光辅政

- 【烽火快报】 太子相争，霍光受命 ··· 104
- 【天下风云】 牧羊19年，英雄苏武终于回国→燕王刘旦又造反了→新皇帝登基27天，就被霍光废掉！→谁是皇帝的救命恩人→霍家人竟也谋反了→匈奴内战，南匈奴主动向汉朝称臣 ··· 105
- 【八卦驿站】 傅介子——大汉王朝的"荆轲" ··· 114
- 【名人有约】 特约嘉宾：霍光 ··· 115
- 【广 告 铺】 酒水一律三折→庆功令→最浪漫的诏书 ··· 118
- 【智者为王】 智者第2关 ··· 119

第 ❼ 期　假仁假义的王莽

【烽火快报】　犯强汉者，虽远必诛 …… 121
【天下风云】　昭君出塞，匈奴成了大汉女婿→皇子身陷困境，谁人可救→
　　　　　　　王家出了个大圣人→弄假成真，大圣人原来是个伪君子→
　　　　　　　为了权力，儿子成了垫脚石→水碓舂米，这个工具真新奇 …… 122
【名人有约】　特约嘉宾：王莽 …… 130
【广　告　铺】　求购水碓→感谢公告→出售古董若干 …… 133

第 ❽ 期　刘秀建立东汉

【烽火快报】　到处在造反，王莽新朝要完蛋 …… 135
【天下风云】　昆阳之战，刘秀一战成名→刘秀重建汉朝→得陇望蜀，刘秀
　　　　　　　统一天下→硬脖子的董宣 …… 136
【八卦驿站】　仕宦当作执金吾，娶妻当得阴丽华 …… 140
【名人有约】　特约嘉宾：刘秀 …… 143
【广　告　铺】　宅院出售→马援招工匠 …… 146

第❾期　班超威震西域

- 【烽火快报】　汉朝将与匈奴再次开战 ……………………………………… 148
- 【天下风云】　一出兵就打了大胜仗→不入虎穴，焉得虎子→斩杀于阗巫师，班超原来是个无神论者→窦氏受宠，外戚开始封侯→给窦皇后的一封回信 ……………………………………… 149
- 【新闻广场】　王景造福黄河八百年→王充写了一本反对皇帝的书? …… 157
- 【八卦驿站】　汉明帝一梦，换来白马寺 ……………………………………… 159
- 【名人有约】　特约嘉宾：班超 ……………………………………………… 160
- 【广　告　铺】　寻求向导一名→匈奴人呼雅斜的公开声明 …………………… 162
- 【智者为王】　智者第3关 ……………………………………………………… 163

第❿期　外戚宦官轮流专政

- 【烽火快报】　窦宪大破北匈奴 ……………………………………………… 165
- 【天下风云】　联合宦官杀将军，小皇帝真聪明→毒杀皇帝，梁冀好大胆→给洛阳商人孙奋的一封信→五个宦官灭梁冀 ………… 166
- 【新闻广场】　蔡伦改进造纸术→班昭：有史以来第一个编写史书的女性→地动仪：世界上第一台测定地震的仪器 ……………… 172
- 【八卦驿站】　甘英：出国最远的人→跨省追捕，梁冀可能是个迫害狂 … 175
- 【名人有约】　特约嘉宾：梁冀 ……………………………………………… 177
- 【广　告　铺】　祈神公告→还田诏书→求购蔡侯纸 ………………………… 179

第 ⑪ 期　党锢之祸与黄巾起义

- 【烽火快报】快哉！李膺杀了大宦官的弟弟 ……………………………… 181
- 【天下风云】党锢之祸，忠良惨遭残害→第二次党锢之祸，陈蕃血溅洛阳→陷害忠良，都是我的错→苍天已死，黄巾起义→黄巾军：哪怕失败，也要继续战斗！ ……………………………… 182
- 【八卦驿站】一屋不扫，何以扫天下→张俭逃窜，造成人口剧减 ………… 188
- 【名人有约】特约嘉宾：刘宏 …………………………………………… 190
- 【广 告 铺】卖官公告→一个大夫的劝告书 ……………………………… 193

第 ⑫ 期　混乱的东汉末年

- 【烽火快报】洛阳大乱，董卓进京 …………………………………… 195
- 【天下风云】各怀鬼胎，十八路人马打不过一个董卓→巧施离间计，王允除董卓→天下第一猛将吕布之死→青梅煮酒论英雄→曹操迁都许昌，挟天子以令诸侯→官渡之战，曹操大败袁绍→给天子刘协的一封回信 ……………………………… 196
- 【八卦驿站】曹操的头痛病是被骂好的？ ……………………………… 207
- 【名人有约】特约嘉宾：曹操 …………………………………………… 208
- 【广 告 铺】销毁令→征稿启事→屯田公告 …………………………… 210
- 【智者为王】智者第 4 关 …………………………………………… 211
- 【智者为王答案】 …………………………………………………… 212

第❶期

〖公元前 221 年—前 210 年〗

千古一帝秦始皇

穿越必读 ▶ 秦始皇是中国历史上第一个大一统王朝——秦朝的开国皇帝。他13岁继承王位，之后先后灭掉韩、赵、魏、楚、燕、齐六国，39岁完成了统一大业，对中国和世界的历史均产生了重大而深远的影响，被誉为"千古一帝"。

兄弟，对不起了！
——来自咸阳的加密快报

公元前230年，秦国灭掉了韩国。

公元前228年，秦国攻占了赵国的都城邯郸。

公元前225年，秦国消灭了魏国。

公元前223年，秦国灭掉了楚国。

公元前222年，秦国灭掉了燕国、赵国。

不到十年的工夫，秦国就灭掉了好几个国家，举目四望，当今天下，只剩下一个齐国未被秦国吞并了。这主要是因为齐、秦两国早就结成了"兄弟之邦"，两国交情一向很好。当秦国攻打其他诸侯国时，齐王也没有插手相助，对秦国死心塌地，算是很讲义气了。

但到了现在，为了统一天下这等大事，秦国也顾不上"兄弟情谊"，只能出手了！兄弟，对不起了！

来自咸阳的加密快报！

没有永远的兄弟

公元前221年,秦王派大将军王贲率领数十万大军杀气腾腾地攻向齐国。

在范雎(jū)的"远交近攻"计策下,齐国早就丧失了警惕,以为有了秦国这个"兄弟",什么都不用怕,齐国的兵也好多年都没有打过仗了。

所以,王贲的队伍一路下来,如入无人之境,短短几日,就攻陷了好几座城池,最后把齐国都城——临淄也重重包围了。

齐王田建有心想向各国求救,可各国早就完了。他急忙召集群臣商议。

宰相后胜说:"大王,如今其他五国已经被秦国灭掉,齐国这次恐怕也难逃厄运。不如咱们归顺秦国,以免两国大动干戈,造成不必要的伤亡。"

"后胜,你是不是收了秦国大量的金银珠宝,被秦国收买了?"立刻有人站出来义愤填膺地指着后胜问。

后胜听到后

脸红了。（据知情人透露，他确实接受了秦国大量的金银珠宝。）

而齐国的将士呢，早就闻风而逃，当天晚上就逃掉大半。

齐王田建听到这个消息，又惊又怕，一会儿骂后胜卖国求荣，一会儿骂秦王嬴政出尔反尔。但是，骂归骂，秦军不是几句话就能骂走的。

第二天，齐王田建万般无奈，率领百官出城投降。因为田建向来顺服，于是秦王免了他和他全家老小的死罪，杀了后胜。

虽说被免了死罪，但齐王田建所住之处里里外外都有人把守，没有出入自由，所需粮食也不能按时供给，生活贫寒之极。没过多久，齐王和王后饥饿成病，先后去世，其他人也都作鸟兽散，仅有的一位王子的下落也没人知道了。

诸侯混战的战国时代宣告结束，秦国统一天下。中国历史上第一个统一的封建王朝——秦朝建立起来了！

编辑评说

想当年，临淄宫中，宦官大臣前呼后拥，侍臣宫女左右逢迎；衣锦缎，食鸡鱼，饮美酒，歌舞升平，生活何等富有，地位何等高贵！

只可惜，贪图享乐，不去合纵抗秦，不去强兵备战，听信谗臣奸相，最后落个亡国下场！可惜可叹！

天下风云

百姓有福，官吏从此不世袭

天下统一了，秦王嬴政称了帝（即秦始皇），但是麻烦也跟着出现了。

大家都主张沿袭分封制，分封诸侯。丞相李斯不同意，他认为过去战争不休，就是因为分封制引起的。秦始皇于是采纳了他的建议，实行郡县制。

全国分为36个郡，郡守主管全郡事务，郡尉管军事，监御史监视地方上的官吏。郡以下设县，县分两等：万户以上为大县，设县令；万户以下是小县，设县长。县令、县长管政务，县尉管军事，县丞管司法。郡、县的主要官吏由中央政府直接任免和调动，不可以世袭。

县以下设乡，乡以下设亭、里，是最基层的组织。

在中央，设立三公、九卿。三公是指丞相、太尉、御史大夫。丞相辅佐皇帝处理全国政务，太尉管军事，御史大夫协助丞相，同时负责监察百官。九卿负责中央各部门的具体政务，比如廷尉掌管刑狱，卫尉掌管皇宫保卫，少府掌管皇室财务，典客掌管少数民族事务及外交等。三公九卿由皇帝任免和调动，也不可以世袭。

就这样，上至中央，下至地方，形成了等级分明的国家制度，皇帝是这个制度的最高统治者。

有规有矩，天下不再乱糟糟

由于秦国统一全国之前，各个诸侯国都有自己的一套制度，天下百姓使用的文字、钱币等都各不相同，由此引起了很多不便。

秦始皇首先废除了六国的文字，全国统一使用由李斯改进的全新的字体——小篆。这种字体字形优美，深受大家喜爱。李斯还亲自用小篆写了一篇名为《仓颉篇》的文章，供天下人临摹。不过，小篆有个缺点，就是书写速度太慢。不久，秦始皇采用了民间流行的一种新字体。这种字体写起来更简便，由于它是一个徒隶（小官吏）发明的，所以叫做"隶书"。

接着，秦始皇统一货币，禁止私人自铸货币，规定统一使用黄金和铜钱。铜钱为携带方便的圆形方孔状。

最后，秦始皇统一度量衡，废除了之前六国互不相同的单位、进制，明确制定了新标准。

长度的计算单位为：尺、寸、丈，采用十进制；体积的计算单位为：合、升、斗、桶，也采用十进制；重量的计算单位及换算制度为，二十四铢为一两，十六两为一斤，三十斤为一钧，四钧为一石（dàn）。

除此之外，在车轨上，规定所有车轨宽度一律为六尺，这样保证了全国车辆的畅行无阻。

从此，秦朝在方方面面都定了规矩，天下不再是乱糟糟的一片，经济和文化得到了极大的发展。

天下风云

焚书坑儒，始皇帝的暴行谁来管

公元前213年，有一次，秦始皇在宫中设宴款待群臣。有一个姓周的博士借祝酒之机，极力赞颂秦始皇建立了统一大业，立下了盖世奇功，并对他废除分封制、推行郡县制赞美不已，听得秦始皇心花怒放。

然而博士淳于越却反对说，废除分封制是不对的，应该以古为师，才能长治久安。

这时，丞相李斯站出来说，儒生们不推行现行制度，却推崇复古，对现在的朝廷指指点点，有诽谤朝廷、扰乱民心之嫌，如果不禁止，必使皇帝的威信大大下降。他建议把民间除了《秦记》以外的史书及诸子百家的书统统烧掉，只可以留下医药、占卜、种树的书；并且严禁老百姓谈论诗书，批评时政。

秦始皇于是颁布了焚书令，若有违令者，一律处斩，甚至株连九族。老百

姓非常害怕，就把家里的藏书都给烧了，这就是"焚书事件"。

公元前212年，历史将永远记住这悲惨的一年。在这一年中，秦始皇将他的暴行发挥到了极致。他命人在咸阳城外挖了一个极大的坑，将四百六十名儒生全部推入活埋，即"坑儒"。其画面之惨烈，让人不由心惊胆战。

"坑儒事件"的起因是，有两个与儒生联系密切的方士叫卢生、侯生，原本在宫中为秦始皇炼制丹药，他们私下讨论，认为秦始皇残暴不仁，便偷偷逃跑了。

秦始皇知道后大怒，派士兵把那些方士和儒生都抓了起来。他们互相告发，最后，"坑儒"的悲剧就这样发生了。

此举震惊天下，从此，再也没人敢明目张胆地议论朝廷的是是非非了。

有人认为，表面上看来，百姓都对秦朝服服帖帖了，但其实都是敢怒不敢言。只要有人带头大喊一声，暴乱随时都可能发生。

哼，谁敢不服我！

大秦面临危机,太子如何是好

编辑们:

你们好!

我是扶苏,始皇帝的长子,世人都叫我公子扶苏。我从小博览群书,精练骑射之术,可是我的父皇却并不怎么喜欢我。我经常劝他对百姓施行仁政,可是,他并不听我的。后来他嫌我在他耳边太吵,一气之下,把我赶出了咸阳城,让我到蒙恬(tián)将军的军营里做监军。

我人在军营,心中却非常担心朝廷里的事。我感觉大秦王朝正面临着一个巨大的危机,我不知道要怎么做才能化解这个危机。希望贵报编辑能给我一些建议。扶苏拜谢!

扶苏

尊敬的扶苏殿下:

您好!

我们非常感谢您能心怀天下苍生,这是一个明君才有的气魄。同时也请您放心,虽然您的父王的确不喜欢您反对他,但是您那么优秀,他也是看在眼里的。而且大家都看得出来,他一直都将您当作继承人来培养。

我们的建议是殿下您耐心等着,等到您继位之后,就可以施行自己的政策了。只有您登基为帝,推行仁政,秦朝的江山才可能保得住。殿下保重!

报社编辑

(编辑部的信件寄出后不久,就传来扶苏自杀的消息。编辑们只能仰天感叹:如今的大秦帝国,已经岌岌可危了。)

胡亥夺位，赵高专权

自从秦始皇焚书坑儒之后，全国的百姓都生活在极度恐惧中。他们生怕一个不小心，又惹怒了这个暴君，招来杀身之祸。

公元前210年，传出了一个振奋人心的消息：秦始皇死了。人们再也不用害怕了。

秦始皇是在巡游途中突然病死的。当然，也有人说他是被人谋害而死的，具体情况现在还不得而知。不过，本报认为，秦始皇被害死的可能性不大。因为，秦始皇出巡时，身边的守卫上千，一般人根本就不能靠近他的身边。而他身边的大臣，更是把他当作"神"一样敬畏，哪里有胆子去害他！

当时，跟随秦始皇巡游的有丞相李斯、宦官赵高，还有他最宠爱的小儿子胡亥。李斯担心死讯一旦公开，老百姓会造反，为了稳定大局，决定先不发布秦始皇病逝的消息。当时天气热，他们把尸体悄悄地放在车里，再放上臭鱼干，以遮掩尸体发臭的气味。

宦官赵高是胡亥的老师，深得他的信任，这个人为人阴险，而且野心极大。他跟扶苏有过节，怕扶苏继位之后会对付自己，于是怂恿胡亥夺位。胡亥胆小怕事，但经不住赵高软硬兼施，只好同意了。

接着，赵高又找到李斯，说扶苏继位后，肯定会让大将军蒙恬取代他

作丞相。李斯生怕自己的丞相之位不保，于是也与赵高串通了起来。

就这样，他们以秦始皇的名义，伪造了一份诏书，说扶苏没有任何功劳，却"非议朝廷""不忠不孝"，并赐他一把剑，让他自杀；又说蒙恬对皇帝不忠，也让他自杀。

扶苏这人太老实，居然一点也没怀疑，真的自杀了。蒙恬违令，被抓了起来。

扶苏死后，赵高他们就立即回到咸阳城，将秦始皇病逝的消息宣告天下。胡亥成了秦朝第二个皇帝。

胡亥年少无知，贪图享乐，后来大权由赵高独揽。大秦王朝被搞得乌烟瘴气，百姓怨声鼎沸。

黑白颠倒，赵高指鹿为马

大家都知道，赵高这个人野心勃勃，自从他帮胡亥登上皇位后，就日夜算计着谋权篡位。可他又怕群臣反对，就想试一试自己在百官面前的威信。

这一天，他故意牵着一头鹿来到了朝堂之上，满脸堆笑地对胡亥说："陛下，臣为您献上一匹千里骏马。"

胡亥看了之后，笑着说："丞相错了，这是一头鹿，哪是什么千里马？"

赵高就故意转向各位大臣："陛下如果不信，可以问问在场的各位大臣。"

大臣们因为惧怕赵高，都说是千里马。有几个特别正直的臣子坚持说是鹿，据说退朝之后，他们就被莫名其妙地杀害了。

"指鹿为马"一事传开之后，百姓纷纷感慨：如今，胡亥已经完完全全成了一个傀儡，赵高才是秦朝真正的皇帝。而对于赵高这种颠倒黑白、混淆是非的行为，天下的读书人很是不齿。

这可是一匹千里马啊！

巍巍长城，被孟姜女哭倒？

正在紧锣密鼓进行的修建长城的大工程发生了一起重大事故。原本固若金汤的长城，竟突然倒下了八百余里。经调查发现，其"罪魁祸首"竟是一个叫孟姜女的弱女子！这究竟是怎么一回事呢？

原来，秦始皇灭掉六国后，依然担心有人出来造反。为了加强中央与各地的联系，保证边境的安全，秦始皇派人去修筑长城。

这是一项非常巨大的工程，需要很多很多的工人，所以，官兵们就到民间各家各户去抓壮丁，不管人家愿不愿意，都强行抓走。这其中就有孟姜女的丈夫范喜良。

那时他们才刚刚成亲三天。丈夫被抓后，孟姜女日夜思念。冬天来了，她担心丈夫受寒，做了一件棉衣，不远千里送到长城。不幸的是，民夫们告诉她说："范喜良来了没多久，就累死了。"

孟姜女听到这个消息，立刻趴在长城上，放声痛哭起来。令人不可思议的是：巍巍长城顷刻间倾塌了八百余里！

这究竟是孟姜女感动了上天，以至于上苍动怒，摧毁了长城？还是秦王朝建造的长城本身就是个豆腐渣工程？百姓们议论纷纷。

惨绝人寰，秦始皇竟用活人陪葬？

秦始皇下葬这天，骊山皇陵被重兵重重把守，但依然有好奇之人避开了森严的守卫，早早地躲在了送葬必经的丛林中，等待葬礼的进行。下面是他发来的简讯。

送葬队伍终于从山下慢慢地走了上来，远远看去，竟然看不见队尾。所有人都穿着白色的孝服，痛哭不已，好像比自己的爹娘死了还难受（据说是被逼的，不哭回去没饭吃）。

忽然，人群里传来了不和谐的声音。原来，在皇陵的入口处，有一群女子正跪在地上哭着求饶。

这时，赵高走了过来，恶狠狠地对她们说："这是陛下的旨意，你们没有为皇室留下一个后代，让你们去陪皇帝，算是你们积德了！"

说着，赵高命令几个侍卫将那些女子全部赶进了皇陵。天啊！活人陪葬，想不到真有其事！

据说，本来还有3000个士兵要陪葬，后来在李斯的劝阻下，士兵才被留了下来。李斯说："现在秦国刚灭掉六国，正处于关键时刻，士兵都要为国家出力，应该留下他们。"

大臣们经过商议，最终决定用泥土混合石灰，烧制成士兵的样子，用来陪葬。因为陪葬的大多是"士兵"和"战马"，所以，老百姓把它们叫做"兵马俑"。

名人有约

身份：秦始皇，中国第一个皇帝

大：大嘴记者　嬴：嬴政

大：嬴兄，你好！

嬴：你好。敢这么叫我的，你小子是第一个！

大（笑）：谁让我这么与众不同呢！好，言归正传。作为第一个统一中国的人，嬴兄感觉如何？

嬴：这种感觉很好啊，万人之上呀！放眼天下，有谁的功劳比我还大。即使三皇五帝在世，他们也没统一天下啊！而且，这"王"什么的，已经没有什么威信了，所以，我觉得应该有个更尊贵的称呼。想来想去，觉得将"皇""帝"合在一起最适合我，所以以后就叫我"始皇帝"吧。

大：那你是中国第一个被称作皇帝的人了！前无古人啊，请给我们说说你灭六国的感想？

嬴：我跟你说，那些诸侯一个个都愚蠢至极，根本不会治理国家。就比如说楚怀王、齐王田建，都是些昏庸之辈，上天让我去灭了他们，那是为天下百姓着想。

大：难道他们就没有一个明君吗？

嬴：明君我不知道有没有，不过有远见的人倒是出了几个。比如说，燕国的太子丹，他知道要保住自己的国家，必须除掉我，所以派了个刺客来刺杀我！那个刺客就是现在已经闻名天下的荆轲……好了好了，

名人有约

说这些做什么。

大：哦，那就说说"焚书坑儒"事件吧。听说因为这件事，老百姓对你意见挺大的。

嬴（皱眉）：这个……我觉得自己是没错的。如果我不采取点极端手段，怎么震住那些儒生和六国遗民？怎么去维护国家的安定呢？

大：可是……手段确实极端了点。你大概不知道吧，这件事发生后，"暴君"就成为你的代名词了。

嬴（有点儿激动）：他们只看到这些事，难道就看不到我的功绩吗？我统一了天下，派蒙恬扫平了北方的匈奴，征服了岭南，修建了长城、郑国渠……

大：嬴兄的丰功伟绩我们有目共睹。嗯，咱们来说说你的身世吧？

嬴（一脸防备）：那有什么好说的。

大：我就随便问问。听说你将丞相吕不韦称为"仲父"，是吧？

嬴：嗯。

大（小心翼翼）：民间都说你不是嬴家的子孙，而是吕不韦的儿子，对此你有什么看法？

嬴（冷笑）：我父亲确实是在吕不韦的家里认识我母亲的，但是，这就能说我是吕不韦的儿子吗？胡扯！况且，我可是同我父王滴血验过亲的！

大（嘀咕）：滴血验亲，滴血验亲……这个也能信吗？

嬴：说什么呢？大声点！

大：没什么没什么。今天的采访就到这里吧，谢谢嬴兄。

广 告 铺

征童男童女 3000 名

据可靠消息，在遥远的海上有三座仙岛——蓬莱、方丈、瀛洲，岛上住着神仙。为使我们始皇帝青春永驻，我向皇帝上书请求带 3000 名童男童女，出海寻找这三座仙岛。

现令全国 36 个郡，5 天之内各地征召童男童女百名，送到咸阳，以供甄选，不得有误。

方士徐福

孟姜女庙捐款活动

连上天都被孟姜女打动了，我们这些普通人更是深深地被她感动。为了纪念孟姜女，我们决定为她建一座孟姜女庙。可是，我们只是一些穷百姓，没什么钱，所以希望大家能踊跃捐款，早点把庙建起来。

匿名百姓

寻人启事

昨天下午，阿房（ē páng）宫建造工地上逃走民夫一人。此人名叫李三，普通身高，三十来岁，蓬头垢面，脸色蜡黄，上身穿青色粗布麻衣，下穿黑色粗布裤子。

为始皇帝修建阿房宫，是每一个秦朝子民的无上光荣。这个刁民竟敢逃走，简直是目无王法！如果大家看见这个人，请马上与阿房宫工程站联系，或者禀报当地官府。对于提供有效线索者，我们将奖励黍子一石！

阿房宫工程站

第 ❷ 期

〖公元前209年—前206年〗

轰轰烈烈的农民大起义

穿越必读 ▶

　　在秦二世的残暴统治下,陈胜、吴广在大泽乡揭竿而起,发动了中国历史上第一次大规模的农民起义,但它很快被镇压了。其他的起义军继续战斗,其中,项羽和刘邦逐渐成为最重要的起义军领袖。公元前206年,秦王子婴向刘邦投降,秦朝灭亡。

烽火快报

老实巴交的农民居然起义了
——来自大泽乡的密报

公元前209年，安徽大泽乡（今安徽省宿州市东南刘村集）发生了一起大规模的农民起义。

据知情人透露，这九百多名农民本来没想过要造反，当时是两个军官押送他们去渔阳守卫边疆。可走到大泽乡的时候，赶上下大雨，误了日期。而按照秦朝的法律，没能按时到达渔阳，是要被杀头的，所以很多人都打算逃走。

这些人中，有个叫陈胜的，他跟同伴吴广商量说："逃走抓回来是死，起来造反也是死。我们不如造反吧！楚国的将军项燕，他爱护士兵，屡立奇功，楚国人都非常爱戴他。如果我们借他的名义造反，一定会得到百姓的支持。"

为了得到大伙儿的信任，他们找来一块白布条，在上面写上"陈胜王"三个字，然后偷偷塞进鱼腹中。同伴们剖鱼的时候，发现了那块白布，都惊奇不已，于是都以为陈胜称王是上天的旨意。

来自大泽乡的密报！

这天，陈胜带领这队人，杀死了那两个押送他们的军官，大喊："王侯将相，宁有种乎？"意思是说，那些当大官的人，难道是天生的贵种吗？

之后，陈胜自立为王，封吴广为都尉，定国号为"张楚"，率领大家用木棒、铁锄作武器，开始反秦。

起义军亡秦之心不死

大泽乡起义后,神州大地上到处是战火烽烟,一些诸侯国也重新成立。

不少起义军因为实力不够强大,被秦军击败。陈胜和吴广也因为起义军内部出现矛盾,被叛徒杀死,声势浩大的大泽乡起义失败了。

不过,起义的烽火已经燃烧了大半个中国,看样子是很难扑灭的。其中,有两支实力强大的起义军,一支由刘邦领导,而另一支由项羽领导。

刘邦出生于沛县(今属江苏省)一户普通人家。他不喜欢下田劳动,也不喜欢念书,只知道混吃混喝,常被老师训斥,大家都认为他是个无赖。但他这个人性格豪爽,也喜欢结交朋友,三十多岁的时候,做了泗水的亭长,在当地小有名气。

有一次,他奉命押送一帮犯人去骊山。半路上,有一些犯人逃跑了,刘邦觉得自己也难逃一死,就把大家都放了。有些

天下风云

犯人愿意跟着刘邦一起逃跑，刘邦于是聚集了一百多人，杀死了沛县县令，响应起义。

项羽是楚国名将项燕的孙子。楚国灭亡后，他跟随叔父项梁流亡。他力气大得能扛鼎、压万夫，却从小就不愿学文，也不愿习武，还说："读书能够记住姓名就够了，学武也不过能敌一人，要学就学万人敌。"于是叔父便教他学兵法。

大泽乡起义后，24岁的项羽便和叔父杀了吴中太守，并一人杀敌近百人，带领8000名吴中男儿，响应陈胜。

陈胜、吴广死后，各地起义军你争我夺，四分五裂。秦军大将章邯趁机准备各个击破，一网打尽。

这时，项梁把刘邦等各路将领联合起来，把起义军重新集合起来，并把流落在民间的楚怀王的孙子找了来，仍旧立为楚怀王，打着楚国的旗号继续反秦。

后来，项梁在章邯的一次突袭中，战败身亡。

天下风云

巨鹿大战，项羽破釜沉舟

公元前207年，秦国大将章邯乘胜进攻，不久攻下赵国都城邯郸。赵王仓皇出逃，逃到巨鹿的时候，被秦军包围。为报仇，项羽主动请缨，于是楚怀王派宋义为上将军，项羽为次将军，率领大军北上去援救赵国。

哪知宋义到了安阳（今河南省安阳市），被秦军的气焰吓到，整整46天按兵不动。项羽看不下去，跑到宋义的营帐里，把他杀了。楚怀王知道后，立即封项羽为上将军，掌握了军队的指挥权。

项羽带着大军渡过漳水后，下了一道命令："全军将士带足三天的粮食，砸碎做饭用的铁锅！凿沉渡河的船只！这次出兵，一定要打败秦军！"

将士们没有了退路，一个个勇猛无比，以一当十，经过9次激战后，大败30万秦军。秦军主将章邯狼狈逃跑，副将王离被活捉。

项羽与秦军决战时，援赵各军都不敢插手，只作壁上观。等到项羽大败秦军后，他们才纷纷冲出来助战，并向项羽道歉。项羽大发脾气，那些将领一个个恐惧不已，都跪在地上，不敢抬头看项羽的脸色。

此战之后，项羽从上将军一跃成为诸侯联军统帅，名震天下。

哼，我就是项羽！

傀儡大王不好当

报社编辑们：

你们好！

我是楚怀王熊心，前楚怀王熊槐的孙子。自从楚国被灭后，我就流落到民间放羊。一天，一个叫项梁的人找到我，说要帮我复国，我这才成了楚怀王。

不过渐渐我发现，名义上我是楚怀王，但实际上我并没有多少权力。巨鹿大战的时候，我原本是派亲信宋义前去营救赵国的。但在半路上，项羽竟然将宋义杀了，自己做了上将军。可我又不敢与他对抗，毕竟没有项家人，也就没有今天的楚怀王。

现在我总算是搞清楚了，原来我只不过是一个傀儡大王。唉，你们说，继续当这个楚怀王还有什么意思呢？

楚怀王熊心

尊敬的熊心殿下：

我们对您现在的处境深表同情。不过，当初项羽杀宋义是有理由的。宋义害怕秦军，不敢让军队前进，想等秦军跟赵军打得差不多了，再去捡便宜。当时天气非常冷，士兵们冻得瑟瑟发抖，粮食也不够了，宋义却整天在军营里饮酒作乐。像宋义这样的将领，怎么能打好仗呢？所以项羽杀了他，自己取而代之。

您说您现在只是一个傀儡大王，我们也爱莫能助。毕竟，如今在外面拼死打天下的是项羽他们，而您却在王宫里享乐，难道您还想要求更多吗？

报社编辑

天下风云

项羽杀子婴，秦王朝灭亡

公元前206年，咸阳城传出了一个惊天大消息：项羽闯入秦宫，杀死了已经投降的秦王子婴。

而在这不久前，项羽和刘邦兵分两路进攻秦国，他们曾当着楚怀王的面，立下盟约：先入咸阳者，就做关中王。项羽因为北上巨鹿救援赵国，耽误了日期，被刘邦抢先进了咸阳。秦王子婴捧着玉玺，向刘邦投了降，秦朝自此灭亡。

项羽是个极为自负的人，实力又远远强于刘邦，怎么会甘心奉刘邦为关中王呢？刘邦实力有限，也不敢与他争雄，甘愿为臣，退到了偏远的汉中、巴蜀当汉王。而关中却被项羽一分为三，分给了秦朝的三个降将。

但是项羽还是觉得不解恨，因为子婴竟然投降刘邦，还打开城门把刘邦迎了进来，一怒之下，他就把子婴杀了。之后，他又在阿房宫放了一把火，整整烧了三个月，把秦宫烧成了一片灰烬。

秦朝最后一个皇帝死了，王宫也成了废墟，曾经辉煌的大秦王朝，只存在了15年，就成为过去了。

百姓茶馆

楚军某士兵

秦国大将章邯被项王打败后，他和他的20万大军全都投降了。我们的队伍一下子壮大了许多，心里那个高兴啊。

可是有天晚上，我们突然听到集合的命令。从营帐中出来才知道，原来，项王要我们活埋那20万降卒。我们无法违抗项王的命令，只能将20万没有反抗力量的秦兵推入大坑里。那时候，我觉得心里特别难受。我不知道项王为什么要这么做！也许，他们那种大人物的想法、做法，我们这些小人物永远都猜不透吧。唉！

我听说，今天有个人被西楚霸王项羽烹杀了。我不知道什么叫做烹杀，就去问一个读书人，他告诉我说："烹杀就是用一口大锅，把一个人活活煮死！"我吓得心惊肉跳。有什么深仇大恨，要这么残忍地对待一个人呢！

咸阳城某百姓

赵书生

这个被烹杀的人是项羽的谋士韩生。项羽烧了秦宫之后，认为自己很了不起，想衣锦还乡。韩生就暗地里取笑他，说什么楚国人"沐猴而冠"，意思是楚国人是猴子，就算穿衣戴帽，打扮成人的样子，但也是只猴子。唉，难怪项羽要烹杀他，做臣子的怎么能这么说自己的君王呢！

八卦驿站

天命所归，刘邦是赤帝子下凡？

最近，民间出现一个传说：刘邦这人可不是凡夫俗子，他是赤帝子下凡！

这要从何说起呢？说在起义前，刘邦身为沛县亭长，押送一群犯人前往骊山。

走到芒砀（dàng）山的时候，他们遇见了一条巨大的白蛇拦路。大家都惊恐不已，不敢上前。这时，喝得醉醺醺的刘邦拿了把利剑走上前，一剑就把那条大蛇斩成两段。大家都对他敬佩万分。

又走了一段路，刘邦觉得困了，倒头就睡。这时，有人来到刘邦斩杀白蛇的地方，看到一个老婆婆在路上哭。

那人问她为什么哭，老婆婆回答说："我的儿子是白帝子，他化成一条白蛇躺在这里，被赤帝子斩杀了！"

那人不相信，正打算说话，却发现老婆婆已经不见了。那人大吃一惊，这才相信自己真的遇到了神仙。

这个传说经过大家口口相传，到现在已经是人尽皆知了。不少人对此深信不疑，尤其是跟着刘邦的起义军，更是相信刘邦将来一定能登上皇帝的宝座。谁叫他是神仙下凡呢。

不过，也有人对此产生了怀疑。他们经过一番考察，发现这个传说最初是从刘邦的老婆——吕雉口中传出来的。而当时，刘邦正好刚刚起义，也就是说，很可能是吕雉为帮丈夫拉拢人心，故意散播谣言。

名人有约

身份：西楚霸王

大：大嘴记者　项：项羽

大：你好！霸王！
项（大手一挥）：你好！叫我项羽就行了！

大（笑）：你可是我的偶像啊！听说有一次秦始皇出巡，你看到他那威风凛凛的车马仪仗，说了一句特别豪气的话，我特别佩服！
项（挠挠头）：什么话？

大："彼可取而代之"。意思是，你可以取代他。
项：哈哈，事实证明，我一点儿也不狂妄。

大：确实确实。后来你打到咸阳，在郊外鸿门摆了宴席，并把刘邦请了去。大家都知道他是你的死对头，为什么最后把他放走了？
项：我本来对刘邦这小子是窝了一肚子的火，想活捉了他。那小子居然先入了关中，还派人守在函谷关，不让我进去！想我项羽，连30万秦军都不怕，还怕他不成？那函谷关一攻就破，要杀掉他比捏死一只蚂蚁还容易！

大：那怎么没捏死他呢？
项：没想到，我的小叔父项伯和刘邦的谋臣张良是好朋友，听说我要活捉刘邦，就连夜去找张良让他赶紧逃。张良把这事告诉刘邦了。刘邦

名人有约

吓得屁滚尿流，第二天就带着张良和樊哙赶到鸿门来见我了。

大：那这是个好机会，正好可以除掉他啊！

项：唉，那刘邦一见了我，就向我赔礼道歉，说话都低声下气的，我一下子心就软了。

大：唉，可惜可惜。

项：亚父范增见我不忍心下手，就找来我的堂兄弟项庄，让他假装舞剑助兴，趁机杀掉刘邦。

大：这就是"项庄舞剑，意在沛公"（沛公即刘邦）啊。那后来怎么又让刘邦逃掉了呢？

项：唉，后来我那个小叔父又跑上去凑热闹，挡在刘邦面前，让项庄没办法下手。

大：他不是凑热闹，是故意的吧。听说他和刘邦结了亲家……

项（大怒）：有这回事？！

大：息怒息怒，听说而已。那接下来呢？

项：有个叫樊哙的人提着剑闯了进来，质问我说，刘邦进入咸阳以后不敢称王，天天就盼着我来，可我现在却要杀掉他，太不厚道。说得我真是惭愧呀！

大：你耳根子是不是太软了？他说你就信呀。

项：后来，刘邦趁上厕所的机会，抄小路逃跑了。跑就跑了吧，反正这种胆小如鼠的家伙，也不会对我构成什么威胁。只是亚父范增对我很有意见，好些天都不理我。

大（嘀咕）：是啊，放虎归山，说不定哪一天就被他吃了呢！

项（瞪眼）：你说什么！

大：呃，我没说什么。采访就到这里了，谢谢大家！

广告铺

诛杀令

奸臣赵高罪大恶极，多年来不仅祸乱朝廷，还妄想依靠起义军的力量，谋权篡位。今朝廷已派人将他杀死，并灭其三族。这就是奸臣的下场，望大家能够引以为戒。

子婴

招兵启事

各位吴中子弟，如今暴秦无道，奸臣弄权，天下民不聊生。我项家为楚国名将之后，想为天下百姓做点儿事，让大家过好日子。从即日起，凡是想要参加反秦大业的人，都来我们项家报名吧。我们一定带领大家推翻暴秦，给大家享不尽的荣华富贵！

项家军

约法三章

我是刘邦，刚刚进入咸阳城。请咸阳城的百姓不要害怕，我是来推翻暴秦的，绝不会伤害你们。不信我可以与你们约法三章。

一是我的士兵要是敢杀咸阳城一个百姓，判处死罪。

二是我的士兵若是敢随意伤人，定会受到严厉的惩罚。

三是我的士兵如果偷盗百姓财物，同样严惩不贷。

除了上面的三条外，秦朝严酷的法律一律废除。我刘邦说到做到，请百姓们拥护我吧。

刘邦

第❸期

〖公元前 206 年—前 195 年〗

硝烟弥漫的楚汉之争

穿越必读

秦朝灭亡后，项羽假装尊楚怀王为帝，自立为西楚霸王，分封了18个诸侯王，封刘邦为汉王。不久，有人因为分封不公起兵反楚。刘邦借机东进，与项羽争夺天下。楚汉之争历时四年，其中大战70次，小战40次，最后以项羽败亡，刘邦建立西汉王朝而告终。

烽火快报

逃兵竟成了汉军大将
——来自南郑的加密快报

自从刘邦退出关中,来到封地都城南郑后,就不断有士兵逃走。有些人是因为太想念家乡,有些人觉得跟着刘邦没前途,趁早另做打算。

前几天,又有士兵逃走了。不过这次逃走的可不是普通的士兵,而是丞相萧何。

刘邦得到消息后,差点气得吐血,接下来两天都精神恍惚,茶饭不思。

第三天,萧何又回来了,还带回了一个逃兵。原来,萧何并不是逃跑,而是去追这个叫韩信的逃兵了。而韩信逃走,是因为一直得不到刘邦的重用。

"一个逃兵,值得你堂堂丞相去追吗?"刘邦气道。

"要是别人逃走了,我不会去追,可是韩信这样有勇有谋的旷世奇才,万万不能让他逃走啊。"萧何回答说,"这样的人才,要封他一个大将来做,才能留得住他。"

刘邦一向信任萧何,见萧何如此器重韩信,就听从他的建议,拜韩信为大将,统领三军。

韩信担任大将后,日夜操练汉军。百姓们似乎又闻到了硝烟的味道。

来自南郑的加密快报!

明修栈道，暗度陈仓

公元前206年8月，韩信率领10万汉军，突袭三秦，夺取了关中。消息传到楚都彭城，霸王大惊。

当初刘邦带着几万汉军，沮丧地前往封地汉中时，谋士张良发现沿途都是悬崖峭壁，只有西边有一条栈道可以通行。他建议刘邦把栈道烧了，一来消除项羽的猜忌，二来避免他人的袭击。

刘邦听从了张良的建议，项羽果真对刘邦放松了警惕。

经过一段时间的养精蓄锐，刘邦的实力渐渐强大，便想与项羽一决雌雄。陈仓是进入关中的必经之地，按照韩信的计谋，刘邦让大将樊哙带着士兵去修栈道，限期为一个月。

把守关中西部的雍王章邯听到这个消息，大笑着说："哈哈，当初谁叫你自己把栈道烧毁的，现在又来修。这么大的工程，就这么几个兵，要修到何年何月啊！"

可没过多久，汉军突然从天而降。原来，这一切都是韩信的计策。他表面上重修栈道，暗地里却亲率10万大军，从一条无人知道的小路，攻入了汉中，打得章邯措手不及，战败自杀，一同把守关中的另外两个王，塞王司马欣和翟王董翳（yì）也相继投降。

这一仗，使刘邦顺利地进入了关中，也为他拉开了开创汉朝大业的序幕。

彭城大战，56万大军不敌3万士兵

公元前205年，发生了一件惊天动地的大事：项羽以区区3万士兵，在彭城大败刘邦56万大军！

原来，自从汉王刘邦夺取关中后，项羽怒不可遏，决定率兵反击，却又听说齐王田荣也在造反（据说是张良发布的消息）。项羽就没有理会刘邦，转身去讨伐齐王了。

刘邦趁机联合各诸侯，亲自带领56万大军，攻破了楚都彭城。远在齐国的项羽听到这个消息，立即带领3万精骑兵，赶赴彭城。

而刘邦得胜后，得意忘形，整日在宫内饮酒庆功，没有丝毫防范。

项羽出其不意，先是突袭汉军的指挥中心，接着死死追击汉军主力，把他们逼到睢（suī）水附近，消灭了汉军十余万人。

无数士兵的尸体落入河里，竟然将睢水堵住了！河水全都变成了血红色，一望之下，触目惊心。

联军被楚军像包粽子一样重重包围，眼看刘邦就要成为项羽的阶下囚了。突然不知从哪刮来一阵大风，顷刻间飞沙走石，刘邦趁机逃跑，而他的父亲及妻子吕雉却成了楚军的俘虏。之后，诸侯们又纷纷背离了刘邦，投靠了项羽。

楚霸王乌江自刎

在项羽的追击下,刘邦退到了荥(Xíng)阳。刘邦仗着城池,和项羽展开拉锯战。刘邦跑不出来,项羽也打不进去,双方进入了长达两年多的相持阶段。

公元前202年秋,项羽向刘邦提出讲和。双方达成协议,以鸿沟为界,两分天下,互不侵犯。9月,项羽率领大军撤退,准备回到彭城。

刘邦却违背协议,命令韩信率领60万大军从后追击楚军。楚军猝不及防,死伤无数,最后被逼到垓(Gāi)下。日子一天天过去,眼看就要断粮了。

这天夜里,韩信让汉军高唱楚歌。楚军将士原本思乡情切,十分厌战,听到家乡的曲子,一个个斗志全无,纷纷放下兵器,从军营中逃走。

项羽听到楚歌,惊疑不已:"汉营里怎么会有这么多楚兵?难道刘邦已经将楚地打下来了?"

他看看自己心爱的妃子虞姬,还有那匹骑了五年的乌骓(zhuī)马,忍不住忧伤地唱了起来:"力拔山兮气盖世,时不利兮骓不逝。骓不逝兮可奈何,虞兮虞兮奈若何?"

其意思是,我天生力大无穷,能够拔起一座山,可是我时运不济,就连心爱的乌骓马也跑不动了。马儿跑不动该怎么办呢?虞姬呀虞姬,我该拿你怎么办呢?

虞姬听了,不禁泪如雨下,说道:"如今四面楚歌,大王还是早日突围而去吧。"为了不连累项羽,说完她就用剑自杀了。

项羽悲愤交加,骑上乌骓马,率领800名亲兵,一路过关斩将,冲破重围。追上来的汉军有几千人,却没有人能拦得住他。

打到最后,项羽身边只剩下二十几个亲兵,跟着他一直跑到乌江(今安徽省和县东北)。

乌江亭长驾着一只小船等在江边,对项羽说:"江东虽小,却也有千里土地,几十万人口。大王快上船来,躲过了这次,以后还可以东山再起。"

项羽苦笑着说:"老天要亡我,我又何必要过江呢?当年

无颜面对江东父老啊!

我带着8000名士兵过江打天下，现在却只剩下几十个人，我还有什么脸面对江东父老呢？"

说完，在杀了汉军几百人之后，自刎而死，死时年仅31岁。楚汉之争以项羽失败而告终，刘邦笑到了最后。

呜呜呜，难道天都要亡我吗？

编辑评说

项羽和刘邦，一个是百战百胜、英勇盖世，一个是屡战屡败，打不过就跑。最后，英雄末路，以自刎谢天下；刘邦登基，成就了千秋功名。尽管如此，项羽还是不失为一代英雄，因为他破釜沉舟，结束了一个时代！而刘邦，由一介草莽登上皇帝宝座，实现了"王侯将相，宁有种乎"的神话，更成为激励平凡人积极奋斗走向成功的光辉典范！

百姓茶馆

茶馆客人甲

其实刘邦这人还好吧，也没传说中的那么不堪。虽然年轻那会儿，他经常跑到人家的酒铺赊酒喝，但他也只是赊账，从不赖账。而且，他这人还挺仗义，喜欢施舍别人，交际广，人缘也还不错。

茶馆客人乙

刘邦根本就是个阴险狡诈、自私自利的小人。听说彭城那一战他败了后，乘着马车逃命。路上他嫌马车跑得不够快，就将自己的一对儿女推了下去。幸好他的属下夏侯婴将那两个可怜的孩子，也就是现在的太子刘盈和鲁元公主抱了回来。对于刘邦的这种行为，我真是很无语。天底下哪有这么狠心的父亲呢？

据说还有一次，项羽抓住了刘邦的爸爸，威胁刘邦说："你要是不投降，我就把你爸爸煮了。"

谁知刘邦听了一点儿都不急，说："项羽，你我曾经结拜为兄弟，我爹就是你爹，你要是真把咱爹煮了，记得分我一碗汤喝。"名门出身的项羽哪见过这种无赖啊，最后只好把他爸爸放了。唉，刘邦能说出这样的话，也真够无耻的……

茶馆客人丙

平民小子一步登天做皇帝

公元前202年2月，刘邦兑现了先前的诺言，封韩信为楚王，彭越为梁王。受封的韩信和彭越与诸王共同上书，请刘邦当皇帝。

刘邦开始还"推辞"，诸王说："大王虽然出身贫寒，但能率领众人推翻暴秦，安定天下，功劳超过我们，您当皇帝是众望所归。"

刘邦这才顺水推舟地说："既然你们都这样看，那就按你们说的办吧。"

不久，刘邦在定陶正式称帝（即汉高祖，后迁都长安），建立了汉朝（史称西汉），并在洛阳开了一场庆功宴。

宴会上，刘邦说："论运筹帷幄之中，决胜于千里之外，我不如张良；论抚慰百姓，供应粮草，我不如萧何；论领兵百万，决战沙场，我不如韩信。可是，我能做到知人善用，发挥他们的才干，这才是我取胜的真正原因。至于项羽，他只有范增一个人可用，但又不信任范增，这是他最后失败的原因。"

刘邦还对父亲夸耀说："您总是说我不如二哥会赚钱，现在我做了皇帝，您看是二哥的财富多，还是我的财富多呢？"

不过，虽然做了皇帝，刘邦还是担心有人会抢了他的皇位。因为他手下能人太多了，尤其是分封在各地的七个异姓王，他们不姓刘，又都有兵将，有的还三心二意。为了巩固皇权，他消灭了臧荼（zāng tú）、韩信、彭越、吴芮等势力，后来还将丞相萧何治了罪，以削弱相权。

同时，刘邦采用大臣陆贾（jiǎ）的建议——"无为而治"，废除秦

朝的苛刻刑法，制定汉律九章，提出以教化为主，刑罚为辅，达到宽柔并济、严松得当的效果；释放奴隶，让士兵回家种田，休养生息。汉朝的经济渐渐恢复过来。

为何不能论功行赏

编辑老师：

你们好！

我是皇上（高祖）手下的一个将领。不过我是一员小将，比不上韩信他们，所以在这里我就不透露名字了。

前几天，皇上按着我们在战场上的表现，给我们论功行赏。可让人想不到的是，他竟然定萧何为首功，给他的封赏最多。我们这些在战场上出生入死的人很不满。萧何从来没有上过战场，他不过是在后方动动嘴巴，做做文字工作而已，凭什么得到的赏赐比我们都多呢？

这些话我不敢直接去问皇上，只能向你们请教了。

某将领

某将领：

你好！

其实关于你的疑惑，皇上已经解释过一次了。估计这几天你一直待在家里生闷气，没有关注吧。

皇上打了个比方，说猎人打猎的时候，追杀猎物的是猎狗，而指挥猎狗的是人。那些在战场上拼死搏杀的人，功劳和猎狗一样，而指挥全局的萧何，其功劳就相当于猎人。

皇上还说，你们这些人，家里最多也就两三个人跟随他，但是萧何却是全家几十口一起跟随他。这样的功劳，别人怎么比得上呢？

我们一致认为皇上说得对，希望这个答案能够令你满意。

报社编辑

刘邦脱围,公主远嫁

> 我又有新老婆了,嘿嘿。

公元前200年,匈奴的冒顿(Mò dú)单于(chán yú)带着大军直逼晋阳(今山西省太原市),刘邦亲自率领32万大军前往应敌。

这年冬天特别冷,一直下大雪。但两军一交战,汉军就接连打了好几个胜仗,把冒顿单于也打跑了。派出去的探子回来报告说,匈奴士兵多是老弱病残,不堪一击。

有个叫娄敬的谋士提醒刘邦说:"他们可能把精兵都藏起来了,陛下千万不要上当啊。"

刘邦不听,继续领兵深入,最终进入匈奴的包围圈,被40万匈奴大军重重围困在白登山,多次突围,都没能成功。再加上内无粮草,外无救兵,军心很快动摇了。

这时,陈平献计给刘邦说:"我听说冒顿单于的阏氏(yān zhī)(匈奴单于的皇后)非常喜欢金银珠宝,我们选几件好的宝贝送给她,让她在冒顿面前说

天下风云

几句好话，也许我们还有一线生机。"刘邦答应了，派使者带了珠宝前往。

第二天，冒顿大军果然松开一道口子，刘邦这才趁机率军逃了出来。

事后，刘邦重赏了娄敬。由于国力还不够强盛，娄敬主张"和亲"，把汉朝公主嫁给匈奴单于。为了边疆的安宁，刘邦采用了他的建议，跟匈奴的关系也就暂时缓和了下来。

"爹地"把我就这样嫁出去了啊！

八卦驿站

开国功臣韩信曾受胯下之辱

淮阴一个屠夫披露了一个大内幕：当朝开国功臣、楚王韩信曾受过胯下之辱！这究竟是怎么回事呢？战无不胜、攻无不克的韩信，怎么可能受过胯下之辱呢？

原来，韩信很小就失去了父母，他一个人无依无靠，过得贫困潦倒。所以，当地的很多恶少都喜欢欺辱他。

有一天，韩信佩着剑走在街上，一群恶少又围住了他，里面就有这个屠夫。

屠夫对韩信说："你这个人虽然长得高大，还整天佩着剑，可是，你的胆子却非常小。你敢用你的剑刺我吗？如果你不敢，就从我的胯下钻过去吧！"

据屠夫回忆，韩信当时一言不发，想了一会儿，就匍匐在地，从屠夫的胯下钻了过去。周围所有的人都哄然大笑，认为韩信果然胆小没用。

很多读书人听了这个消息后，感慨万分：韩信当时要是受不了这种侮辱，逞匹夫之勇，拔剑而起，那也就没有现在威名赫赫的楚王韩信，没有了今天的大汉王朝吧！

名人有约

身份：汉高祖，汉朝开国皇帝

大：大嘴记者　　刘：刘邦

大：高祖皇帝，你好。大家都说你以前只是个市井无赖，这点你怎么看？

刘：这个……怎么说话呢！我不过就是游手好闲了一点儿，怎么在你们嘴里就成无赖了？再这么信口雌黄，我就将你们报社查封了！

大（怕怕）：……那不说这个了。听说你年轻时，有一次看到秦始皇巡游，非常羡慕地说了一句话。

刘：我说，大丈夫就应该像这样啊。

大：这让我想起了上一期的嘉宾项羽，他见到秦始皇的车马队伍时，说的话可和你不一样。他指着秦始皇说，自己可以取代他。

刘：哼哼，你是想说，我没他那么豪气是吧？可是你看，最后当皇帝的还不是我？"成者王败者寇"，说得再好听又有什么用。

大：听说，你当上皇帝没几年，就开始对付开国功臣韩信了，这是怎么回事？

刘：有人跟我打小报告，说韩信要造反啊。

大：请问你有证据吗？

刘：……证据倒没有。不过宁可信其有，不可信其无。我可不能让自己

名人有约

辛辛苦苦打下的江山，落到外人手中。

大：可怜的韩信，最后被萧何骗进宫中杀掉了。想当初，韩信还是在萧何的举荐下，才被封为大将的。这真是"成也萧何，败也萧何"啊。

刘：萧何办事是很得力的。不过这事是皇后和萧何一起想的计策，皇后也要记一功。

大：韩信死后，听说你又杀了另一个开国功臣彭越。

刘：因为彭越也造反啦。他们一个个仗着自己功劳了得，野心都大得很呢。

大：那这次你有证据吗？

刘：……这个嘛，也没有。本来我只是把他关起来，结果他跟皇后说他是冤枉的。皇后就劝我把他杀了。

大（嘀咕）：彭越也太不会求人了。这皇后也太歹毒了一点儿吧。

刘：不过彭越死后，淮南王英布造反，我可是抓到了证据。那次还是我亲自带兵去平叛的。

大：平息了英布叛乱后，听说你作了一首诗，名叫《大风歌》。

刘：没错，全诗一共有三句：大风起兮云飞扬，威加海内兮归故乡，安得猛士兮守四方。

大：好诗！好诗！请问，你能给我们解释一下是什么意思吗？

刘：这首诗的意思是，大风刮得天上的云翻滚奔腾，我刘邦平定了天下，荣归故乡，怎样才能得到天下的勇士，去替我守卫边疆呢？

大：勇士不是都被杀光了吗？

刘（变脸）：你说什么？

大：勇士不是都被杀光了吗？

广告铺

释放奴婢诏令

　　从即日起,凡是在战乱中因为饥饿而卖身为奴的人,都免除奴婢身份,做回普通百姓。希望你们回去后好好耕田种地,为大汉的农业发展贡献一份力量。

刘邦

允许士兵归家诏令

　　现在天下逐步安定,不再需要那么多士兵了。想家的士兵向军事处交一份退役申请书,就可以回家了。朝廷按照你们的功劳,给你们安排住宅和田地。希望你们回去后,也能为汉朝的农业发展出一份力。

刘邦

寻人启事

　　我是一个住在长城附近的农民,曾经我和我的妻子、儿子一起,生活得非常幸福。但是,前一段日子,匈奴人时常越过长城,来我们村子掳掠一番,扰得我们没法生活。我们只好往南边迁移,但是,在路上,我们又碰上了匈奴人,在逃跑中,我与妻子、儿子失散了。

　　如有哪位父老乡亲,看见过一个圆脸、穿着翠绿罗裙的年轻女子,并带着一个大眼睛、穿着鹅黄褂子的七八岁小孩,那就有可能是我的妻儿,请你们及时通知我,我在这里感激不尽。

边境某农民

智者第 1 关

1. 秦国是在哪一年统一天下的？
2. 秦始皇为什么自称"始皇帝"？
3. 秦国灭六国后，采取了哪个学派的学说治国？
4. 战国七雄中，最后被秦国消灭的是哪一国？
5. 长城最初的作用是什么？
6. 大泽乡起义的领导人是谁？
7. 大泽乡起义的口号是什么？
8. 陈胜和吴广最后的结局是什么？
9. 破釜沉舟说的是谁？
10. 阿房宫是谁烧掉的？
11. 韩信用什么计策领着汉军从汉中打了出来？
12. 四面楚歌是什么意思？
13. 汉朝的哪位开国元勋曾经受过胯下之辱？
14. 刘邦被困白登山后，是谁为他献计，帮助他脱离困境？
15. 项羽的坐骑是什么？
16. 刘邦为什么要定下"非刘姓而封王者，天下攻击之"的规矩？
17. "白登之围"后，汉朝对匈奴采取什么政策？

智者无敌　王者为大

第 4 期

【公元前 195 年—前 141 年】

文景之治的繁华盛世

穿越必读

汉高祖刘邦死后，西汉政权被吕后及吕氏家族把持。吕后死后，丞相陈平等人联合铲除了吕氏叛乱，拥立刘恒为帝。刘恒（即汉文帝）和他的儿子刘启（即汉景帝）在位期间，社会比较安定，老百姓渐渐富裕起来，历史上称这段时期为"文景之治"。

开国皇帝刘邦驾崩
——来自长安的加密快报

汉高祖刘邦讨伐英布时，被飞箭射中，从此一病不起，于公元前195年不幸驾崩。全国上下沉浸在一片哀痛之中。

刘邦临死前，几个跟他一起打天下的老臣跟他说："如今所有军队都掌握在樊哙的手中，而他又是吕后的妹夫，只怕陛下驾崩之后，这大汉就是吕氏的天下了。"

刘邦听了，很是担忧，就派大将周勃、谋士陈平拿着自己的令牌，去军营中赐死樊哙。

周、陈二人一边往军营赶，一边却打起了小算盘：杀了樊哙也就得罪了吕后，如今皇帝快要死了，吕后要对付自己，简直易如反掌。

俩人越想越怕，最后想到一个法子：将樊哙关在囚车里，押赴长安，要杀要剐，皇帝自己看着办。

不料，二人押着樊哙，还在回长安的路上，刘邦已经驾崩了。等回到长安，吕后立即下令将樊哙释放了，并且重赏了周勃、陈平，夸他俩人会办事。

紧接着，16岁的太子刘盈继承了皇位。刘盈是个老实孩子，什么都听母亲吕后的，朝政大权实际掌握在吕后手里。一班老臣无不叹息：刘家天下恐怕就要姓吕了！

来自长安的加密快报！

皇宫惊现"人彘"

吕雉做了太后后,第一件事,就是折磨刘邦生前的宠姬戚夫人。亲眼看见事情经过的宫人都说,当时的场面既血腥又恐怖,绝对不是一般人能够忍受的。那么,为什么会发生这么悲惨的事情呢?

原来,刘邦活着的时候,非常宠爱戚夫人,甚至想废掉太子刘盈,另立戚夫人的儿子——赵王如意为太子。虽然最后还是刘盈当上了皇帝,但吕雉对戚夫人非常嫉恨。

刘邦死后,吕后就逼她穿上囚衣,戴上铁枷,每天在永巷舂(chōng)谷。

戚夫人一直受刘邦宠爱,从来没有受过这种苦,就编了一首歌,歌词大意是这样的:儿子是王,母亲却是奴隶,谁能告诉我那远在3000里外的儿子,他母亲受的苦啊。

吕后听到后,勃然大怒,便毒死了赵王如意,下令剪去戚夫人的一头青丝,又砍了她的手与脚,挖去她的眼睛,熏聋她的耳朵,逼她喝下哑药,把她做成"人彘(zhì)",丢进了厕所里。一个如花似玉的美人就这样被吕后活活折磨死了。

老百姓听说这个事情后,个个瞠目结舌:母仪天下的吕后怎么能如此残忍呢!

惠帝病逝，吕后执政

公元前188年，汉惠帝刘盈病逝，年仅24岁。据说，他是看了"人彘"后，被他母亲的凶残吓坏了，认为太后如此残忍，自己不配治理天下，从此一蹶不振。

刘盈是刘邦在沛县当亭长的时候，与吕雉生下的儿子，从小就跟随父母在战乱中过着颠沛流离的生活。有一次还被项羽抓去做人质，差点被杀掉。

好不容易等到天下安定，刘盈成了太子，但是由于他性格柔弱，刘邦老是觉得他不像自己那般英武、聪明，几次三番想废掉他。幸亏谋士张良帮忙，请来"商山四皓"——东园公唐秉、夏黄公崔广、绮里季吴实、甪（lù）里先生周术，才保住太子之位，真可谓是命途多舛。

不过，虽然刘盈不是"虎子"，却是一个好皇帝。他在位期间，实施仁政，提拔曹参当丞相，政治清明，社会安定，百姓都对他称颂不已。这样的好皇帝，却英年早逝，可惜可叹！

惠帝病逝后，吕后不知从哪找来个婴儿，说是刘盈的儿子，将他立为皇帝。从此，吕后开始明目张胆地执政。为了巩固吕氏的地位，她大肆杀害开国功臣，分封吕氏王侯。一时之间，吕家上下，满门朱紫，老臣们敢怒不敢言。

吕后如此倒行逆施，许多人都感觉有些不妙，似乎一场动乱又要到来！

吕后病逝，代王继位

公元前180年，这是吕后执政的第8年，都城长安终于传来一个令人称快的消息：继丈夫刘邦驾崩，儿子刘盈病逝后，吕后也病死啦！

吕后一死，手握兵权的吕产、吕禄就想发动兵变，夺取刘家天下。齐王刘襄先下手为强，赶紧起兵，向长安进军。

有人向吕禄建议说："刘襄起兵了，你赶快去控制住皇帝，这样就能借着皇帝发号施令。"吕禄听从了这个建议。

太尉周勃、丞相陈平知道这个消息后，立刻商量对策。周勃先是骗来吕禄的帅印，然后闯入吕禄的军营，对将士们说："现在吕氏想要造反，我奉命讨伐。拥护刘氏的就袒露左臂，拥护吕氏的就袒露右臂。"

结果，将士们全都袒露左臂，周勃就这样夺走了吕禄的兵权。随即，朱虚侯刘章也领兵除掉了吕产。之后，周勃又带兵将吕氏家族全部铲除。

吕氏被灭后，群臣经过商议，觉得代王刘恒不错，既沉稳又有德行，就将他接到长安，立为皇帝，史称汉文帝。

汉文帝：让大汉走向繁荣的好皇帝

在老百姓眼里，汉文帝是一个圣明的好皇帝。

汉文帝重视农业生产，两次减少田租，甚至规定在12年内，朝廷不向百姓要一分钱的田赋，大大减轻了百姓们的负担。为了给农民做榜样，他还亲自下田耕地。

对于拥立他的功臣，他一一分封、赏赐，同时打击重臣，一步步削弱诸侯的权力，两次平定诸侯王的叛乱，终于稳定了政局。

秦朝时留下一条法律，一个人犯罪，他的父母、妻子、兄弟姐妹都要受到惩罚。汉文帝觉得这条法律不合理，就将它废除了。他还规定，天子犯法与民同罪，法律面前人人平等。这对皇帝来讲，是很难得的。

文帝是一个热爱和平的皇帝，从不轻易对外用兵。在他统治时期，基本上没有战争发生。只有三次匈奴公然侵犯汉朝边境，文帝才派兵将他们赶出边境。

文帝的节俭在全国是出了名的。衣服旧了，他照穿；车马旧了，他照用，也很少增添新的物品。就连自己的陵墓，他也要求修得简单一点儿，而且不许拿贵重的金银品等陪葬。

他不仅严于律己，而且还虚心纳谏，知人善用，提拔了不少贤能之才，如贾谊、晁（cháo）错、周亚夫等。

在文帝的英明领导下，大汉王朝一步一步走向辉煌。

景帝错杀晁错，周亚夫平定七国之乱

公元前154年，前线传来消息，为时三个月的七国之乱，正式宣告结束。吴王刘濞（bì）兵败后逃往东瓯国，被东瓯王杀死，其余六国诸侯全部自杀。

这场规模浩大的叛乱是怎么发生的呢？

原来，景帝即位后，诸侯王的势力越来越大，严重威胁到朝廷安定。于是，景帝听从御史大夫晁错的建议，开始削减藩王的封地，以此削弱各诸侯国的实力。先是削了楚王的两个郡，然后削去了赵王的一个郡，胶西王的六个县。

吴王刘濞得知后，非常恐慌，立即串通其他六个诸侯国，打着"诛晁错，清君侧"的幌子起兵叛乱，并且还勾结匈奴、南越，请他们派兵助战。

汉景帝见叛军来势汹汹，急得顿时失去了主意。

这时，晁错主张景帝亲自带兵征讨。有个叫袁盎的人却说这个事是因晁错而起，只要杀了晁错，把封地还给各诸侯，叛军自然就退兵了。

景帝情急之下，不但腰斩了晁错，而且还杀了他全家。

天下风云

可是吴王老早就想造反了,哪里肯轻易退兵呢?不但不退,而且认为景帝软弱无能,继续进攻。

景帝这才恍然大悟,于是命太尉周亚夫,以及大将军窦婴率领大军前往镇压。

周亚夫不与叛军激战,而是率军深筑高垒,以逸待劳,同时又派了手下带领一支分队,迂回前往叛军后方,切断了他们的粮道。叛军因为粮草不足,最终被周亚夫打败。

七国之乱平定后,百姓们都松了一口气。景帝趁机把各诸侯国的官吏任免权和征收赋税权收归中央,解除他们对中央的威胁。之后,他开始安安心心地治理天下。

景帝和文帝一样,重视农业生产,减轻刑罚,还极力鼓励文化教育事业。

在景帝的励精图治下,国家的粮仓丰盈起来了,新谷子压着陈谷子,一直堆到了仓外;府库里有大量铜钱,穿钱的绳子都烂了,散钱多得无法计算。

百姓们纷纷庆幸,自己赶上了"文景之治"这好时候。

百姓茶馆

长安张老头

俗话说，久病床前无孝子。可薄太后一场病生了三年，文帝每天都坚持去太后寝宫看望。每次御医送来的汤药，他都要亲口尝过之后，才让太后喝下。文帝真是为全天下的子女做了一个好榜样啊。

长安城某儒生

哎，虽然如今是太平盛世，君王也贤明，但是作为一个儒生，生活在这个朝代真是不幸啊。为什么？因为窦太后——景帝的母亲只喜欢看《老子》，对儒家学说是一点也看不上眼啊。

有个叫辕固生的博士，跟她说《老子》不过是一本普通的书。她一听就怒了，立刻叫人把辕固生关进猪圈，罚他和猪打架。

虽然辕固生打败了那头猪，但是从那以后啊，我们儒生的地位就一天不如一天了。景帝怕惹太后不高兴，也不敢再重用儒生。唉，我们儒生什么时候才有出头之日啊！

晁错邻居

可笑汉景帝以为杀了晁错，就能让叛军打道回府，事实证明，这是一个多么幼稚的想法！只可怜晁错一片忠心，想保住刘家江山的安全，到头把自己一家老小都搭了进去，果然是"伴君如伴虎"啊。

73

八卦驿站

文帝慰问军队，吃了个闭门羹

这年冬天，汉文帝派三路人马到都城长安附近的灞上、棘门和细柳三地驻守。

为了鼓舞士气，汉文帝亲自去慰问军队。他先来到灞上，那儿的将士们一听说皇帝来了，早早打开营门，骑马出来迎接。慰问结束后，又列队欢送。接着，汉文帝又去了棘门，受到了更加隆重的接待。

最后，汉文帝来到细柳（今陕西省咸阳市西南）。

不料，细柳守城的将士们见远处尘土飞扬，来了一队人马，立即弯弓搭箭，准备战斗。汉文帝的先行官刚靠近营门，就被守门士兵拦住，不让进去。

先行官大喝一声，说："皇上马上驾到！快开营门！下来接驾！"

守门士兵不慌不忙地回答："我们将军有令，军队只听将军的号令。没有号令，不能放你们进去。"

汉文帝只好派出使者，带着亲笔信进营去见将军周亚夫。周亚夫才传令开门。

刚进营门口，又被

放我们进去！

八卦驿站

被守门士兵制止:"将军有令,营内不许骑马,不许喧哗,请皇上下马慢行。"

随从们都很生气,汉文帝一笑,吩咐大家下马,慢慢前行。

进了军营,只见周亚夫身穿盔甲,手持兵器,他拱手作了一个揖(yī)说:"臣身着盔甲,不能下跪,请允许我以军礼参拜,感谢皇上对我们的关心!"

汉文帝扶着车前的横木欠了欠身,向周亚夫表示敬意。

慰问结束后,周亚夫说:"因为军中事务繁多,臣不能远送,请皇上谅解。"

出了营门,随从们都很气愤,说:"这个周亚夫实在是太猖(chāng)狂了!皇上驾到,他不但不出城迎接,还不让进城;好不容易进了城,他还让您下马步行。我看他根本就没把皇上放在眼里!"

汉文帝却笑着称赞道:"这才是真正的将军呀!灞上和棘门那两支军队,只懂得溜须拍马,纪律散漫,如果有敌人偷袭,他们不当俘虏才怪!如果都像周亚夫这样治理军队,怎么可能打败仗呢?"

从此,周亚夫治军严格的美名传遍天下。

八卦驿站

平乱功臣遭人陷害

编辑老师：

你们好！

自从我平定七国之乱后，皇上（景帝）对我十分器重，可我这人性子直，不小心得罪了他几次。一次是他要废掉太子刘荣，我坚决反对；还有一次是他要给王皇后的哥哥，还有匈奴人赐封，我又坚决反对，他就罢了我的丞相职务。

前段时间，我儿子见我年纪大了，买了些皇家殉葬用的甲盾，有人便告密说我想谋反。我一生对大汉忠心耿耿，怎么会在快要死的时候谋反呢？可皇上偏偏不信，还派人来审查，实在是太令我寒心了。

我想以死明志，但被人拦住了。你们说，我该怎么办呢？

周亚夫

周亚夫：

你好！

明眼人都能看出来，皇上其实是想找个借口"修理"你。你想想，你位高权重，又老是跟皇帝对着干，他能放心用你吗？不敢用，所以就干脆扳倒你。

自古以来，君王过河拆桥的事屡见不鲜，希望你想开一点儿，跟皇上赔个礼，把权力交出来，然后回家安享晚年吧。

报社编辑

（周亚夫被关进监狱后，廷尉说他即使不在地上谋反，也会跑到地下谋反。他因此绝食抗议，五天后吐血身亡。）

名人有约

特约嘉宾：**刘恒**

身份：汉文帝

大：大嘴记者　**刘**：刘恒

大：你好，请问你和汉惠帝是什么关系呢？

刘：他是我哥哥，我和他都是高祖的儿子，他是第二个儿子，我是第四个儿子。

大：哦，那你也是吕雉生的吗？

刘（翻白眼）：我怎么会是吕雉生的？我的母亲是薄姬，高祖的一个嫔妃，她善良仁慈，跟吕后不是一个类型的。

大：听说高祖死后，吕雉就开始残害后宫的妃嫔，你的母亲没事吧？

刘：我母亲性格宽厚，做事小心谨慎，她从来不跟别人争什么。吕雉也没有为难她，高祖死后，就让她跟我一起去了我的封地代国。对别人来讲，吕后或许是个狠毒的女人，但对我们来讲，她是我们的贵人。

大：这样一来，你们算是因祸得福了。有这么个母亲，是你的福气啊，难怪你这么孝顺她。

刘（略显伤感）：母亲一生坎坷，我要让她做这世界上最幸福的母亲。只怕我日夜操劳，可能要比母亲先走一步。

名人有约

大：到了代国后，你想过自己会当皇帝吗？

刘（笑）：这是个人隐私，我就不透露了。不过在当时，我是我父亲所有儿子中最不引人注目的一个。当然，我也是最幸运的一个。我父亲一共有8个儿子，多半都被吕雉害死了。因为我像我母亲一样，做什么事都小心翼翼，这才躲过了她的迫害，最终当上了皇帝。

大：当你听到自己被立为皇帝的消息后，心里是怎么想的，有没有欣喜若狂的感觉？

刘：欣喜若狂的感觉没有，倒是被吓出了一身冷汗。

大：噢，你怕这是一个阴谋。

刘：前车之鉴啊，我的兄弟都死得差不多了，我不能不防。

大：那后来你是怎么放心去长安的呢？

刘：占卜啊。占卜的结果显示，我将继承我父亲的事业，成为大汉皇帝。

大（嘀咕）：占卜这种事情也能信吗？

刘：不过当时，我还是不怎么放心，先派舅舅到长安打听了下情况，还派了一个属下探路，这才动身出发。

大：你果然是处处谨慎小心啊，接下来的事情大家都知道了，你顺利地进了皇宫，登上了皇位，并将天下管理得井井有条。

刘：没错。

大：好的，今天的采访就到这里，谢谢文帝的参与，祝大汉王朝繁荣昌盛，再见！

广告铺

谁说女儿不如男

　　山东临淄小姑娘淳于缇萦给我写信，说父亲蒙冤，要求替父赎罪，此举勇气可嘉。为给犯人一个改过自新的机会，现决定听从她的建议，重新量刑：废除肉刑，把刺字改为做苦工，把割鼻改为打三百大板，把砍脚改为打五百大板。

汉文帝刘恒

招工启事

　　我是邓通，汉文帝已将我家乡蜀郡严道县的铜山都赏赐给我了，准许我自己造钱。造钱工厂马上就要开工，现在急需一批工人，要求是身强力壮，能吃苦，不贪小便宜。没有技术没关系，我们可以为你提供培训，欢迎大家前来应聘。

邓通

吕后的感谢信

　　高祖一时糊涂，想废除太子刘盈。幸亏张良先生请来商山上的四位隐士——"商山四皓"前来相助。这四位隐士在高祖面前大肆赞扬我儿，并说愿意忠心辅佐他。这才打消了高祖废除太子的念头。

　　在这里，我要向这四位老人表示由衷的感激。我和我的儿子会永远记住你们，大汉王朝也会永远记住你们的。

吕雉

第 5 期

〖公元前140年—前87年〗

雄才大略汉武帝

穿越必读

　　汉武帝是汉朝的第五代天子，也是中国古代伟大的政治家、战略家、诗人。他在位54年，期间击破匈奴、开疆拓土、遣使西域，开创了汉朝最大的版图，使汉朝成为当时世界上最强大的国家，功业辉煌，史称"汉武盛世"。

烽火快报

马邑诱敌，偷袭失败
——来自马邑的加密快报

大家都知道，汉武帝继位之前，汉朝为了换取边疆的安宁，一直对匈奴采取和亲政策。经过文帝、景帝两代的休养生息，汉朝已经慢慢地走向繁荣。

公元前135年，窦太后病死，22岁的汉武帝刘彻正式执政。他是一个具有雄才大略，且野心勃勃的皇帝，认为和亲对大汉王朝来说，是个耻辱；而且汉朝已经有足够的力量打击匈奴，于是他决定主动向匈奴发起反击。

公元前133年，汉武帝派出30万大军，埋伏在马邑县附近的山谷中。接着又派出一个叫聂壹的商人假装投奔匈奴，骗匈奴人说："现在马邑的官吏横行霸道，不得民心，只要你们进城，就一定能够拿下马邑。"

匈奴人信以为真，立刻派出大军前往。

可匈奴大军走到马邑附近时，发现那里牛羊遍野，却无人放牧，觉出不太对劲，就抓了一名当地人严刑拷问，得知前方埋伏了大批汉军，扭头就跑。汉军一顿猛追，可还是没追上。计划失败后，汉武帝一怒之下杀了一批将领。

大汉百姓为此又喜又忧。喜的是，汉武帝果然英明神武，胆识过人；忧的是，这次马邑伏击战没能成功，匈奴人必定恼火，从此，恐怕边境再不得安宁了！

来自马邑的加密快报！

罢黜百家，独尊儒术

自从高祖平定天下后，汉朝一直采取道家清静无为的治国政策。但经过文帝、景帝两代明君的精心治理后，国力明显地强盛起来。此时的汉武帝迫切需要有一个新的思想体系来维护皇家的统治。

公元前134年，一个叫董仲舒的儒生，上书汉武帝，提出"罢黜百家，独尊儒术"的思想。意思是把法家、道家的思想废除，只尊崇儒家学说。

汉武帝接受了他的这个建议，开始大量重用儒生，让他们参与到国家的管理中，并开设太学，设置五经博士，专门讲授儒家经典《诗》《书》《礼》《易》《春秋》，还下令让地方各郡也开设学校，传授儒学，优秀的学生可以担任地方各级官员。

从此，越来越多的人学习儒学，儒家势力又重新崛起了。

编辑评说

"罢黜百家，独尊儒术"，儒家的仁政主张，有助于缓和阶级矛盾，提高吏治水平，是一种对汉朝统治极为有利的政策，但它也同时禁锢了人们的思想，阻碍了学术文化的发展。因为，中华文化是中国上下五千年文明的结晶，并不是儒家文化一家就能代替的。

推及皇恩，独揽大权

为了加强中央集权，公元前127年，汉武帝颁布了推恩令，允许诸侯王除了王位由嫡长子继承外，可以将自己的封地分成几部分，传给其他的儿子作为侯国。表面上是推及皇恩，实际上是变相的"削藩"。因为侯国不再受王国管辖，而是由各郡直接管理，地位相当于县。这样一来，原封国越分越小，大国不过是十多个城，小国也就数十里，封国的势力也就越来越小，再也不能与中央朝廷抗衡。

公元前106年，汉武帝废除了各郡的监察御史，把全国分为13个州（部），每州设置一名刺史，由皇帝直接委派，管理下属的郡国。

同时，汉武帝削弱了丞相的权力。大汉的丞相大多由功臣担任，他们功勋卓著，位高权重，常常与武帝发生冲突。如武帝的第四任丞相田蚡（fén）是王太后的弟弟，自恃为国舅，专横跋扈。武帝对此十分厌恶，便故意提拔一些出身低微，但有一定才干的文人才子参与朝政，让他们可以随意出入宫禁，陪在皇帝左右，而且能在宫中办公，从而培养出了宫内决策班子，称为"中朝"。"中朝"的权力甚至比丞相等官员组成的"外朝"的权力还要大。

卫青凯旋，李广自尽

公元前119年，卫青、霍去病在漠北大败匈奴，一路追杀匈奴两千余里，追得匈奴人丢盔弃甲，逃到了大漠以北。从此以后，漠南再也没有匈奴兵的身影。

这场大战是汉军主动出击的。为了彻底击败匈奴，武帝命大将军卫青、霍去病集中全国的物力、财力，各领兵五万，对匈奴发动了这场规模空前的战役。

卫青得知匈奴的据点后，率主力直扑匈奴大军。汉军行了一千多里，在沙漠中与匈奴兵相遇。卫青先命令铁甲战车队形成一个坚固的阵地，然后派了五千名骑兵攻向匈奴大军。两军交战，情形异常惨烈。战到黄昏，突然刮起一阵大风，沙砾扑面，两军你看不清我，我也看不清你。卫青趁机派出两支生力军，从两边包抄匈奴大军，斩杀一万九千多人。

匈奴单于见势不妙，率军往北逃去。卫青在后面紧追不舍，一直追到了赵信城。见城中的匈奴兵早已逃得一个都不剩，只留下

许多来不及带走的粮草,卫青这才停下追击的脚步,让士兵们饱餐一顿,领兵凯旋。

另一路,霍去病也在率军紧追匈奴的左贤王,一追就是两千多里,又是一场激战。激战过后,汉军消灭了七万多匈奴兵,俘虏了八十多个匈奴王爷、官员,左贤王仓皇逃走。

值得一提的是,这次出征的还有著名的"飞将军"李广,此时他已年近六十。据说因为他年纪大了,武帝暗地嘱咐卫青不要让李广担当重任。卫青于是令他与右将军赵食其合兵一处,掩护主力进攻。不过,途中因为向导死亡,迷失了道路,落在了卫青的后面,耽误了行军的日期。

李广羞愧难当,拔刀自刎。李广死后,全军痛哭。老百姓听说了这事,不管认识他的,还是不认识他的,不管是老年人,还是青年人,都掉下了眼泪。

这位勇敢机智、善于骑射的三朝将军,曾在反击匈奴的战争中,立下了汗马功劳,最后却落得如此下场。可以说,李老将军的自杀,使这场战争的胜利大为失色。

张骞通西域

为了打败匈奴,汉武帝想方设法联合一切反对匈奴的力量。当他得知,西域有一个叫大月氏(dà yuè zhī)的国家,曾和匈奴交过战,而且被匈奴赶到西边,便决定找到大月氏国,共同对付匈奴。

公元前138年,满怀抱负的张骞(qiān)奉汉武帝之命,带着100名勇士向西域出发了。一个已经归顺汉朝的、名字叫堂邑父的匈奴人自愿充当他的向导和翻译。

要到达大月氏,必须经过匈奴的领地。没几天,张骞他们这行人就被匈奴兵发现了,并且把他们关了起来,这一关就是10年。

这10年里,张骞始终没有忘记自己的使命,时时刻刻都想着逃跑。终于有一天,张骞趁看守不注意,和堂邑父逃了出去,来到了一个叫大宛的国家。

大宛是个盛产快马、葡萄、苜蓿的地方。他们的国王早就听说了大汉的强盛,听说汉朝的使者来了,非常热情,还派人护送他们去了大月氏国。

遗憾的是,大月氏人迁到大夏附近后,不想再打仗,就拒绝了张骞的请求。张骞和堂邑父在那住了一年多,也没能说

放我出去,我是使者!

服他们，只好失望而归。此时距离他离开长安，已经整整13年了。

虽然没有达到目的，但这次出使西域，张骞对西域的情况有了比较详细的了解，并向汉武帝一一禀报："我在大夏国的时候，看到了蜀地出产的细布。当地人告诉我说，这是从天竺商人那里买来的。既然天竺和蜀地通商，那就说明，天竺离蜀地并不远。"

于是汉武帝又派张骞带着大批礼物，从蜀地出发，去寻找天竺。结果走了好几千里路都没发现天竺，不过却意外地结交了滇越国（今云南省东部）。汉武帝觉得很满意，又重赏了张骞。

匈奴被卫青和霍去病赶到了大漠以北后，西域很多国家都摆脱了匈奴的控制。公元前119年，张骞带着300名勇士，以及大量的黄金和牛羊等礼物，再次出使西域。

他先是到了乌孙国，与乌孙国建立友好邦交关系，接着又让副手出使大宛、大月氏等国家。

从此以后，汉朝与西域建立了密切的外交关系，西域的葡萄、石榴、胡桃等传入中国，中国的丝绸也源源不断地传入西域，并到达西亚、地中海地区。一条贯穿亚欧大陆的伟大通道——丝绸之路诞生了。

李陵将军为匈奴练兵？

编辑老师：

你们好！

我是李陵，是向匈奴投降的一名大汉将领。很多人认为我不应该向匈奴投降，而应该自杀。我没有那样做，并不是因为我怕死，而是觉得留下一条命，还可以继续为大汉效忠。

现在有传言说，我在为匈奴练兵，这真是天大的冤枉！为匈奴练兵的是一个叫李绪的叛徒！可皇上相信了谣言，将我全家都杀了。如今，我不仅背上了叛国的罪名，还失去了所有的亲人。我真的很后悔，如果当初死在战场上，就不会像今天这样痛苦了。

李陵

李陵将军：

你好！

我们相信你说的每一句话，真的。当初你和匈奴交战时，只有5000名步兵，而匈奴单于却亲自带领3万名骑兵来对付你，后来又增兵到8万人。双方力量这样悬殊的仗，就算是神仙也打不赢啊。而你依然杀死了近万名匈奴骑兵，可见你是一员勇将。

对于你家人的不幸，我们深表同情。我们能为你做的，也只是将你这封信登出来，希望人们不再对你产生误解，也希望有一天，你能回到家乡。

报社编辑

（李陵终生没有再回汉朝，后来病死在匈奴。）

天下风云

东方朔吞"仙丹"

汉武帝虽然雄才大略，但他到了晚年也犯了帝王的通病，想长生不老，到处派人去找"仙丹灵药"。有个大臣叫东方朔，谈吐诙谐，言词敏捷，对这个事特别反感。

据说有一次，一个方士给汉武帝献了一坛"仙酒"，还把"仙酒"吹得天花乱坠，说喝了它，真的会万岁万岁万万岁！

汉武帝信以为真，重赏了那个方士。没想到，东方朔趁汉武帝不注意，竟把那仙酒偷偷喝了。

这下可把汉武帝惹恼了，立即下令要处死东方朔。

东方朔被绑得像个粽子，却哈哈大笑。在场的人都诧异莫名，汉武帝不满地问："你就快死了，怎么还笑得出来？"

东方朔不慌不忙地回答："那方士不是说这'仙酒'会让人长生不老吗？我喝了这'仙酒'，怎么会死呢？如果我死了，就说明那仙酒是假的。如果这'仙酒'是真的，陛下应该杀不死我，自然就不用杀我了。如果杀得死我，就证明陛下被那方士蒙骗了。如果陛下因为这么一个谎言就将我处死，难道不怕天下人耻笑吗？"

汉武帝只好免除了他的死罪。

偷来的酒就是好喝。

巫蛊之祸，太子也被诬陷

这是公元前91年。最近一段时间，整个汉宫被巫蛊（gǔ，将欲害之人的名字刻在木头人上，埋在地下，由巫师对其进行诅咒）闹得鸡犬不宁。

事件首先是由一个盗贼引起的。这个盗贼名叫朱世安，丞相公孙贺奉命将他捉拿归案。朱世安上书告发，说公孙贺暗藏木头人，诅咒天子。

这时的汉武帝已经老了，总怀疑别人暗中谋害自己。听说这事，立即将公孙贺满门抄斩。之后他还不放心，又命自己的宠臣江充彻底查办。

江充心狠手辣，到处派人挖木头人，还用烧红了的铁器对人严刑逼供。没过多久，死在他手中的人就有数十万。

江充因为与太子刘据有过节，便趁机陷害太子。当时汉武帝不在长安，太子悲愤莫名，就以谋反的罪名，把江充杀了。

江充的一个手下逃了出来，向汉武帝告状，说太子谋反。汉武帝大怒，命丞相刘屈氂率兵去"平乱"。太子抵抗不住，逃出长安，最终走投无路，上吊自杀。太子的母亲——皇后卫子夫也跟着自杀了。太子那还在襁褓中的儿子刘病已也不知去向。

在这场巫蛊之祸中，被杀的还有阳石公主、诸邑公主，以及太子的两个儿子等，汉武帝一下子失去了许多亲人，等他醒悟过来后，追悔莫及。后来，汉武帝派人查清了江充的罪行，将他满门

天下风云

抄斩。接着，他又为无辜的太子建立了一座宫殿——思子宫。

百姓们知道这件事后，都摇头叹息。

由于这场大祸，再加上军事上的连连失利，汉武帝精神上受到了严重的打击。终于在公元前89年，他在轮台颁布了一个罪己诏书，向天下百姓承认了自己的错误。

诏书中说，自己的争强好胜、穷兵黩武，给天下百姓带来了深重的苦难。对此，他深感后悔，决定从此对匈奴罢兵，一心发展农业生产。

这个诏书一经发出，举国哗然。百姓们议论纷纷，都说汉武帝知错能改，是个好皇帝。诏书所到之处，百姓莫不兴高采烈，奔走相告。

百姓茶馆

茶馆客人甲

听说当朝太子的亲生母亲钩弋夫人是个奇女子，她一出生双手就握成拳，无法伸开。可是汉武帝见到她后，轻轻一掰，那两只手竟然都展开了，你说奇不奇？

先别说钩弋夫人了，我实在是想不明白，皇上他老人家怎么老愿意打仗，搞得大家好不容易赚来的钱，全没了！

茶馆客人乙

想当年，我们的开国皇帝刘邦出行，都找不到四匹毛色相同的马来拉车。要不是汉武帝刘彻这样英明神武，我们现在能有这么多的土地，这么多的人口，这么多的财富吗？说不定我们的官员还在坐牛车外出呢！

茶馆客人丙

新闻广场

《史记》：一本书写了13年

公元前91年，历时13年的史学巨著——《史记》终于完成。

这究竟是一本什么样的书呢？居然要写13年？什么人有这个耐心？真是太了不起了！这本书的作者并不难打听，他就是太史令——司马迁先生。

据司马迁先生回忆说，他写这本书最初的动机是：完成父亲司马谈的遗愿。司马谈以前也是太史令，他学识渊博，曾经搜集了大量历史资料，打算写一部全面记录中国历史的史书，可他还没写完就死了。临死前，他将这个任务交给了儿子司马迁。

司马迁继承父亲职务，做了太史令后，继续博览群书，访古问今，四处考察名胜古迹和各地的风土人情，为写《史记》打基础。

起初，司马迁并没想过要写这么久，但是后来发生了一件事情，使他身心受到了极大的打击，于是他发愤要写好这本史家著作。

究竟是一件什么事，让他从此心无旁骛，一心一意地写《史记》呢？

原来，公元前99年，李广的孙子李陵带领5000人去进攻匈奴，结果遭到匈奴3万

新闻广场

名骑兵围攻,几乎全军覆没,李陵自己也投了降。

汉武帝大怒,要将李陵全家斩首。所有的大臣也都说李陵贪生怕死、叛国投敌,只有司马迁说李陵是在走投无路的情况下才投降的。汉武帝认为司马迁是在为好朋友辩护,盛怒之下,把他抓进牢中,判了"腐刑"(残害生殖器官的刑罚)。

这样的刑罚,对司马迁来说是奇耻大辱。最终,他选择了不再过问政事,全身心投入到《史记》的创作中,终于写成了这本巨著。

《史记》记载了从远古黄帝时期到公元前122年,共三千多年的历史。全书包括十二本纪,记录历代帝王的政绩、言行;三十世家,记录诸侯国的兴亡;七十列传,记录帝王、诸侯以外重要人物的事迹(其中最后一篇为司马迁自序);十表,记录每一年发生的大事;八书,记录历代的各种典章制度。全书共一百三十篇,五十二万六千五百多字。

八卦驿站

金屋藏"娇"

民间最近流传着一个金屋藏娇的故事,说的是汉武帝与他的第一个皇后——陈阿娇的一段往事。

这还得从当年刘彻做胶东王的时候说起。刘彻是汉景帝刘启的儿子,陈阿娇是汉景帝的亲姐姐馆陶长公主的女儿。所以,汉武帝和陈皇后是一对表兄妹。

他们从小就在一起玩耍、嬉闹,算是青梅竹马、两小无猜的玩伴。有一天,馆陶长公主抱着刘彻,逗他说:"你长大了要娶媳妇吗?"刘

表哥!

我要娶阿娇当媳妇!

八卦驿站

彻点头。

馆陶长公主就指屋子里的宫女问他:"那你要娶谁?"刘彻看后直摇头。

馆陶长公主又指着自己的女儿陈阿娇说:"那阿娇好不好呢?"

刘彻顿时眉开眼笑地说:"如果能娶阿娇做妻子,我就造一个金屋子给她住!"

馆陶长公主很高兴,多次去请求景帝,终于定下了这门亲事。武帝登基后,陈阿娇也自然地成了皇后。

可没过多久,汉武帝就喜新厌旧了。他迷上了卫子夫,对陈皇后冷淡下来。陈皇后从小娇生惯养,哪里忍受得了这种委屈。于是,她天天找汉武帝吵闹,吵得汉武帝不得安宁,理都不想再理她了。

就在这时,王宫中发生了第一起巫蛊案,陈皇后被牵扯了进去。这年汉武帝27岁,他怒气冲冲地颁发了诏书,将陈皇后废了,并幽禁在长门宫,一直到死。

一对昔日青梅竹马的伴侣,竟然会是这样的结局!真是让人扼腕感叹!

八卦驿站

一曲凤求凰，成就美好姻缘

大才子司马相如在临邛（qióng）县，以一曲《凤求凰》俘获了一位富家小姐的芳心。这件事轰动了整个临邛县，被百姓传为美谈。

这位富家小姐叫卓文君，是当地富豪卓王孙的女儿。这天，司马相如受邀去卓王孙府上做客，在席间，他弹了一曲《凤求凰》。躲在帘子后面的卓文君听了，对这位大才子倾慕不已。于是，卓文君就叫奴婢将自己的心意传达给司马相如。

在当天夜里，他们就双双离开了卓家，来到了司马相如的家乡成都。卓王孙知道后怒火中烧，但也没办法阻止了。

俩人在成都住了些日子以后，由于司马相如一贫如洗，卓文君就建议说："不如我们回临邛县去，向我兄弟借点钱，或许能够维持生计。"

于是，两人又回到了临邛县。但是，他们并没有得

八卦驿站

到卓文君兄弟的支持。没办法,他们只有卖掉了车马,在那里开了一家小酒馆。

卓王孙听说自己的女儿在小酒馆里抛头露面,觉得非常丢脸,连门都不愿出。这时,卓文君的兄弟、叔伯都劝卓王孙说:"何必呢,你就一子二女,给他们一些钱,让他们回成都去不就行了?况且,司马相如这个人才学不错,说不定前程似锦呢!"

于是,卓王孙派人给他们送去一百万铜钱,还有一百多个仆人。他们这才又回到了成都,过上了富足的生活。

穷小子,想娶我家的女儿,没门!

99

名人有约

身份：汉朝大将

大：大嘴记者　**李**：李广

大：李广将军，您好，久闻大名，今日一见，果然不同凡响。
李：你小子别拍马屁，有什么问题尽管问。

大：听说您的骑射技术非常精湛，可以一边跑一边射猎。有一次居然把整个箭头都射进石头里去了！匈奴人见了您就害怕，背地里都叫您飞将军。
李：哈哈，我喜欢这个外号！

大：您能跟我们具体说说您和匈奴交战的故事吗？
李：我和匈奴打过的仗数不胜数啊。我想一下啊……（略想片刻）我记得有一次，我带着100名骑兵去追匈奴兵，结果在路上遇到了几千名匈奴兵……

大：哇，100个对几千个，您是怎么应付的？
李：硬碰硬肯定是不行的，往回跑也来不及了。所以我干脆叫骑兵们都停下来，让匈奴人以为我们是来诱敌的。结果这帮匈奴人果然上当了。天黑之后，他们怕我们有埋伏，就逃跑了。

大：真是一招妙计啊。
李：还有一次，汉武帝派四路人马去攻打匈奴，我带领其中一路。匈奴人集中兵力对付我，我的人马被打散了，我自己也受了重伤，被俘虏了。

大：呀，那您后来是怎么逃出来的？

李：匈奴兵用吊床将我裹起来，往单于的大营抬。我一动不动地装死，走了十几里地后，我找准一个机会跳起来，抢了一匹马一把弓箭就往回跑。几百个匈奴兵在后面追，我射死了好几个，然后顺利逃了回来。

大：哇，您真是英勇神武啊，那您回去后，汉武帝有没有嘉奖您呢？

李：嘉奖？想得美。虽然我自己逃回来了，可是手下的士兵死了一大片，按照军法，判了我死刑。

大：死刑？不是吧！

李：别害怕，汉朝的刑罚是很宽松的，就算被判了死刑，只要拿钱赎就没事了。我出了一笔钱，汉武帝就打发我回家种田去了。

大：将军种田，也太浪费了吧。

李：呵呵，没过几天汉武帝又起用我了，让我去北方边境驻守。我去北方之前，这帮匈奴兵天天来骚扰边境，我去之后，他们一下子就跑得没影了。

大：哈哈，有飞将军在的地方，匈奴兵哪敢进犯啊。当年文帝还说可惜您不是生在高祖时代，不然当个万户侯肯定没问题。

李（一脸惆怅）：可惜我李广与匈奴作战四十多年，生平唯一憾事就是没有封侯啊！

大：没关系啊，大英雄当不当万户侯无所谓，在我眼里，您比万户侯可厉害多了。

李：哈哈，你小子吃了蜜糖来的吧？我喜欢！

大：谢谢飞将军，我也很喜欢您。今天的采访就到这里，谢谢大家。

广告铺

盐铁令

为增加政府财政收入，打击工商业者，现决定实行盐、铁由国家垄断经营，并设置盐官、铁官负责盐铁产销。民间不得私自煮盐和铸铁，违者所有工具没收，并处以一定的刑罚。望大家广而告之。

大司农宣

细君公主和亲公告

为和西域国家保持友好合作关系，朝廷决定将细君公主嫁给乌孙国王昆莫，同时送上丰厚的嫁妆。从此以后，汉朝与乌孙结为兄弟之邦，共同抗击匈奴。特此昭告天下。

大汉朝廷

轮台罪己诏

大臣桑弘羊向朕建议，派军队和老百姓去轮台屯田垦殖，为推进与西域各国的战事作准备，朕不愿意再劳民伤财了，特下此诏：

朕即位以来，连年征战，肆意挥霍，大兴土木，劳民伤财，还一时糊涂，听信奸人之言，迷信鬼神，现在后悔不及。我保证，从今以后，所有损害老百姓利益、浪费天下钱财的事，全部停止。现在最重要的任务是严禁各级官吏对老百姓苛刻暴虐，废止擅自增加赋税的法令，鼓励百姓致力于农业生产。

汉武帝刘彻

第 ❻ 期

〖公元前 87 年—前 49 年〗
霍光辅政

穿越必读

　　霍光是西汉著名将领霍去病同父异母的弟弟，跟随汉武帝近 30 年，为人谨慎小心，深受武帝赏识。汉武帝死后，他受命为汉昭帝的辅政大臣，执掌汉室最高权力近 20 年，成就了汉室的安定和中兴。

烽火快报

太子相争，霍光受命
——来自长安的加密快报

来自长安的加密快报！

自太子刘据被逼自杀后，关于哪位皇子继位的问题，就又摆到了大家面前。一场明争暗斗已经逐步展开，呈越来越白热化的趋势。

其中，燕王刘旦在太子死后，上书武帝，主动要求被立为太子。武帝大怒，削了他的三个县。广陵王刘胥为人骄奢，贪图享乐也不适合当太子。最后只有汉武帝最小的儿子刘弗陵颇有武帝之风，还值得期待。

果然，汉武帝临终前，立刘弗陵为太子。为了防止吕后之事重演，武帝将刘弗陵的生母赵钩弋赐死。

公元前87年春，年仅8岁的刘弗陵即位（史称汉昭帝）。麒麟阁第一功臣霍光受命，成为辅佐昭帝的大臣，执掌汉室最高权力。

受命当天，霍光手捧先帝所赐图像，上面画的是周公与周成王。霍光会不会像汉武帝期待的那样，像周公一样辅佐幼帝呢？目前情况还不明朗，请大家拭目以待。

牧羊19年，英雄苏武终于回国

公元前81年，被匈奴扣留了19年的汉朝使者苏武，终于回到了祖国。

苏武出使匈奴的时候，还是汉武帝时期。那时候，汉武帝正想着派兵攻打匈奴，谁知匈奴人却主动来求和了。汉武帝挺高兴的，就派了苏武手持旄（máo）节，出使匈奴。

可是匈奴人不厚道，居然将苏武扣留了，还拿高官厚禄来引诱他归顺匈奴。苏武不干，匈奴单于就将他关进冰冷的地窖，不给他东西吃，也不给他水喝，一连关了好些天。苏武饿了就啃身上的羊皮袄，渴了就吃一把雪，受尽了折磨，却依然不肯归顺匈奴。

匈奴单于见苏武软硬都不吃，又不忍心杀害他，就将他送到北海去放羊，并说："什么时候公羊生了小羊，我就放你回国。"

就这样，苏武手持旄节，孤零零地来到了北海，一待就是19年。匈奴人不给口粮，苏武就自己抓兔子吃，不给水，苏武就吃地上的冰雪；不给被子棉袄，苏武就靠着羊群取暖。时间一长，旄节上的穗子都掉光了，苏

天下风云

武的头发、胡须也全白了。

公元前85年，匈奴发生了内战，又跑来跟汉朝求和。这时汉武帝已经死了，汉昭帝刘弗陵听说苏武还被扣留在匈奴，就派人出使匈奴，要求将苏武放回来。可是，狡猾的匈奴人却说："苏武回不来啦，他早就死啦。"

公元前81年，汉朝又派人出使匈奴，并打听到了苏武的下落。汉朝使者就对匈奴单于说："我们大汉天子在御花园射下了一只大雁，大雁的腿上绑了一张字条，上面写着苏武没有死，现在正在北海放羊。"

没办法，匈奴单于只好让苏武跟着汉朝使者回国。苏武回到长安那天，手中依旧拿着当初出使匈奴所持的旌节。长安人民全都站在街道两旁，带着崇敬的目光，迎接这位持节不屈的大英雄。

燕王刘旦又造反了

公元前80年，燕王刘旦又造反了。消息一传开，整个长安城炸开了锅！

这是怎么回事呢？6年前燕王不是造过一次反吗？那时汉昭帝看在大家是一家人的分上，没有深究。怎么刘旦还死性不改啊？原来，做哥哥的没当上皇帝，一直不服气，所以就总想把皇位抢过去。

这次，燕王勾结了左将军上官桀，还有盖长公主，打算先对大司马、大将军霍光下手。

自从霍光掌握朝中大权后，果真不负武帝所托，将一切都管理得井井有条，但也因此引起了很多大臣的嫉妒和不满，上官桀就是其中一个。

这天，霍光从军中选了一名校尉，带入府中办事。上官桀等人就用燕王的口吻写了一封信给昭帝，说霍光擅自调用军队，准备造反。昭帝虽然只有14岁，但却聪颖无比。他瞬间就识破了这个诡计，并将送信人抓了。

上官桀怕皇帝查到自己头上来，赶紧谋划叛变。不料，被一名叫杨敞的官员发现，秘密告知了霍光。

霍光奏明昭帝后，就先发制人，带兵将上官桀一伙人统统抓了起来，灭了他们家族。燕王知道自己死罪难逃，就自杀了。这场闹剧就此宣告失败。

新皇帝登基27天，就被霍光废掉！

公元前74年，霍光废掉了刚登基27天的皇帝刘贺，并立在民间长大的刘询（即刘病已）为帝（史称汉宣帝）。

臣子废皇帝！这在大汉朝的历史上还是从未有过的事！一时间，人们议论纷纷，莫衷一是。

刘贺是在7月份当上皇帝的。6月的时候，汉昭帝驾崩，由于没有儿子，霍光等大臣就商议将汉武帝的孙子刘贺——山东的昌邑王立为新皇帝。

谁知道，这刘贺也是个纨绔子弟。他登基之后，荒淫无道，纵情玩乐，完全不理国家大事。据有关统计，刘贺在位的短短27天内，他就干了1127件荒唐事，平均每天四十多件。

看到这种情况，霍光等大臣都忧心忡忡，觉得事态严重，如果不及早处理，汉家的天下可能就断送在这个浪荡子身上了。

于是，霍光把

所有文武百官召集起来，一起商议，当众宣布要废掉刘贺，另立新君。

开始，大家都感到意外，因为废立之事，事关重大，谁也不敢发言。

霍光的助手田延年看到这种情况，立刻站起来，假装斥责霍光说："先帝把汉家天下交付给您，是因为您对汉室一片忠诚。现在如果让那昏君继续下去，那汉家天下就会断送！你霍光将来死了，又有何面目去见先帝呢！"

田延年手握剑柄，又严词厉色地说道："如果有人敢反对，我就杀了他！"

文武百官见此情景，就都同意废除刘贺，另立新君。

于是，霍光立即奏明了15岁的皇太后，请她下诏，将刘贺废除，并送回了山东昌邑国。刘贺从山东带来的一些大臣，除了几个正直的，其余的全部被斩首。后来，汉宣帝封刘贺为海昏侯，迁往豫章郡海昏县（今江西南昌）。

编辑评说

把皇帝废了，另立新君，对国家来讲，是一件大事，因为这关系到汉朝能否长治久安的问题；对霍光来讲，更是一件大事，因为弄不好，就会被人当作乱臣贼子，遗臭万年。

但霍光宁愿担负擅自废立的恶名，也不愿让汉家王朝从此衰败。这表明他对汉室不但一片忠诚，对国家和老百姓也高度负责。事实证明，霍光选择了汉宣帝，才使得汉朝能保持繁荣。

2011年，海昏侯刘贺的墓被发掘。从墓中出土的文物来看，考古学家和历史学家认为，刘贺是个博学多才、生活品味很高的人，绝不是史书中说的那个一无是处的昏君。

谁是皇帝的救命恩人

编辑老师：

你们好！

我是当今皇帝（宣帝），你们对我的过去可能有点了解。在那场巫蛊之祸中，我的家人几乎都被杀了，当时我才几个月大，也被关进了监狱。

后来武帝派人来要杀死所有囚犯，当那些人来到监狱时，幸好有个官员堵在门口，说："皇曾孙在此，谁敢妄动！"我才逃过一劫。

后来，那个官员又托人把我送到奶奶家，我这才平平安安长大。要不是这位救命恩人，我肯定当不了皇帝。我很想找到他，听说你们记者无所不知，能告诉我他是谁吗？

汉宣帝刘病已

尊敬的陛下：

您好！

我们确实知道那位官员是谁，但抱歉的是，在没有征得他的同意前，我们也不好说出他的名字。

我们只能告诉您，他现在就在您的朝中，还跟您十分亲近。而且，当初刘贺被废时，就是他向霍光大将军说您德才兼备，是当皇帝的好人选。

现在，您应该能猜出他是谁了吧。

报社编辑

（原来，那个救过汉宣帝的人就是当朝御史大夫邴吉。汉宣帝知道后，对他十分感激，后来封他为丞相。）

霍家人竟也谋反了

公元前66年,汉宣帝雷厉风行,把霍氏一族全部诛灭,与霍氏有牵连的一干人等也都被铲除。朝廷上下无不感慨,大家都觉得,霍光一心辅政,忠于大汉王朝,他的子孙却落得这么一个悲惨下场,实在不值。

其实,这事怨不得汉宣帝,为什么这么说呢?

自从两年前霍光死后,霍家人仗着霍光大权在手,肆无忌惮。霍光的儿子霍禹到处修建富丽堂皇的宅院;霍去病的孙子霍云为了到处游玩,常常不去上朝。再加上霍家人一向欺压百姓,渐渐地,汉宣帝开始排挤他们。

霍家人惶惶不可终日,霍光的夫人霍显就对霍家人说:"现在,朝中大权不再掌握在霍家人手里了,再这么下去,霍家迟早要成为别人砧板上的鱼肉,任人宰割。"于是,他们开始策划政变,想要废掉汉宣帝,扶持霍禹做皇帝。

结果,这个计划被人告发。汉宣帝先发制人,将霍家人全部缉拿。霍山、霍云畏罪自杀,霍禹被判腰斩,皇后霍成君被废,霍氏被一网打尽。

天下风云

匈奴内战，南匈奴主动向汉朝称臣

公元前52年，匈奴主动向大汉朝称臣！这个消息一经传开，全国上下一片欢腾。

十多年前，大汉与西域的乌孙国联军两次大败匈奴，直捣他们的老巢，俘虏匈奴的皇亲国戚四万多人，牲畜七十多万头。从此，匈奴人再也不敢与汉朝对战，西域各国也对汉朝俯首称臣。

这两次大战，是继汉武帝以来，汉朝对匈奴作战规模最大、出兵最多的两次，也让人们看到了汉宣帝的雄韬伟略。

那现在匈奴人怎么会突然向汉朝称臣呢？事情的起因是这样的：七年前，匈奴内部发生矛盾。一阵大混战之后，匈奴分裂成南北两部。南方由呼韩邪（yé）单于领导，北方由郅支单于领导。

南北匈奴继续打仗，呼韩邪单于打不过郅支单于，为了借汉朝的力量保护自己，就干脆归附了汉朝。

对于匈奴称臣这件事，最高兴的还是老百姓，大家都说："大汉跟匈奴打了那么多年的仗，也和了那么多年的亲，现在好了，匈奴终于主动称臣了！这下子，我们总算不用再交那么多赋税了，也不会被抓壮丁啦！"

好啊，好啊！

傅介子——大汉王朝的"荆轲"

公元前88年,一个叫傅介子的人成为人们心中的英雄,有人甚至将他称作是汉朝的"荆轲"。不同的是,荆轲刺秦没有得手,傅介子刺杀楼兰王却成功了。

那么,傅介子为什么要去刺杀楼兰王呢?

原来,楼兰国处在汉朝与西域各国互通的交通要塞上,仗着地理优势,又有匈奴撑腰,便经常杀害汉朝与西域各国互通往来的使者,使汉朝和西域各国的交往一度断绝。

傅介子听说后就上奏皇帝,请求出使楼兰,给他们点厉害瞧瞧。皇帝也同意了。可到了楼兰后,楼兰王对他不理不睬。傅介子假装离去,走到楼兰西边的边界后,派人传话说:"我们带着这么多的金银财宝来送给你们,你们不接待的话,我们就去西边的国家了。"

楼兰王贪财心切,立刻摆上美酒佳肴,热情接待他们。

傅介子与楼兰王一边喝酒,一边把那些财物一一列了出来。等到楼兰王喝醉的时候,他对楼兰王说:"我们天子让我私下告诉大王一些事情。"

楼兰王相信了,跟他进入帐中密谈。这时,两个汉军壮士拿剑冲了上来,将楼兰王的胸膛刺了个大窟窿。楼兰王当场死亡,他的随从们恐惧不已,立即逃了个干净。

傅介子带着楼兰王的头颅,回到长安报功。不久,霍光将楼兰王的弟弟立为新君,并改楼兰国名为"鄯(Shàn)善"。从此,汉朝与西域各国的通道再次被打开了。

名人有约

身份：汉朝大将军、大司马

大：大嘴记者　霍：霍光

大：大将军，你好！久仰大将军的威名了。很多人对你的生平事迹都很好奇，想听你谈谈。

霍：你好，有什么就问吧，我知无不言。

大：大将军果然爽快！请问你是怎么走上做官这条路的？

霍：这个说来话长。我有个同父异母的哥哥叫霍去病，他大我近十岁。我十几岁在河东平阳的时候，他就已经大破匈奴，建功立业了。有一次，他带兵路过平阳，就把我带到了长安。后来武帝就让我做了奉车都尉，留在武帝的左右，保护武帝的安全。

大：听说你办事从未出过差错，武帝对你特别信任，所以后来让你做了首辅大臣，是吗？

霍：承先皇厚爱。

大：但是，不久就爆发了一场大规模的叛乱对吗？

霍：唉，就是燕王造反，想必你们也都知道了。

大：嗯，剿灭这次叛乱之后，你的位置就稳固如山了。你当时应该是很高兴吧？

霍：算是吧。我当时只想着维护好大汉的江山社稷。

115

名人有约

大：嗯，百姓的日子确实比以前好过多了。听说后来，你促成了朝廷举办"盐铁之议"？

霍：盐铁之议，也就是关于盐铁的经营问题而举办的一次国家会议。

大：参加那次会议的都是些什么人呢？

霍：有来自全国各地的贤良文学（有德行、有才能的人），还有以桑弘羊为代表的朝廷大臣。

大：那些贤良文学，是你请来的吧？

霍：嗯，没错。我就是想通过他们说出百姓的心声啊。况且，昭帝也有这个意思。

大：会议进展如何呢？

霍：会议上，贤良文学和桑弘羊他们进行了一番辩论。前者认为，朝廷应该将盐铁的经营权交给百姓，但是桑弘羊坚决反对。这也难怪，交出盐铁经营权后，他们这些大贵族的利益就会受到极大的损害。

大：最终的结果怎样？

霍：会议最终决定，盐铁经营权还是归官家所有。不过，昭帝最后将酒类的经营权交给了百姓。

大：嗯，我们都知道昭帝是个聪慧的好皇帝，可惜天妒英才，21岁就驾崩了。

霍（垂泪）：唉，你又提起我的伤心事了，今天的采访就到这里吧。

大：呃，好的，谢谢大将军光临本栏目！

百姓茶馆

 书生赵拓

今天，我去一个书店买书的时候，发现了一本新书，叫做《周髀算经》，作者不详。我翻开一看，就被里面新奇的内容吸引了。书中写的都是有关算术和天文的内容。比如作者说，天就像一个大斗笠，地就像一个翻扣的盆，真是有趣极了。我立即掏钱买了一本，准备回去好好研究。我想，这本书对后世人们研究算术和天文，一定能起到很大的作用。

 糕饼店杨老板

我早就看出刘病已是个好皇帝了。以前他常常到我们这来买东西，他去过的店铺，生意会立刻变得火爆。自从他来过我的糕饼店之后，我们这儿就名声在外啦。这样的财神爷，当了皇帝后肯定能给我们国家带来好运！

宫里传来一个秘闻，说宣帝的皇后许平君并不是病死的，而是被霍光的妻子霍显命人毒死的。霍显命人这么做的目的，就是希望在许平君死后，皇帝能够立自己女儿霍成君为皇后。唉，现在霍成君终于当上了皇后，可是，权势和地位真有那么重要吗？

 胡家巷胡老头

广告铺

广告铺

酒水一律三折

为了庆祝皇上（昭帝）将酒类的经营权归还百姓，本酒肆决定从今天起，连续10天所有酒水一律3折。欢迎各位新老顾客惠顾。

太平酒肆

庆功令

自张骞通西域后，汉匈相争了七十余年。现在匈奴日逐王率数万人向我大汉投降。特于公元前60年设西域都护一职，从今以后，西域地区将正式并入我大汉疆土，归我大汉管辖。大汉天威，将远达葱岭万里以外。欣喜之余，特地发布这个消息，与民同贺。

汉宣帝

最浪漫的诏书

我在贫穷的时候，曾有一把旧剑，现在我十分想念它啊，众位爱卿能否为我将其找回来？

汉宣帝

编者注：汉宣帝在落魄时，与掖庭（宫女居住的地方）官员许广汉的女儿许平君结为夫妻。当了皇帝后，大家都建议他立霍光之女霍成君为皇后，他始终不答应，还下了这道诏书。大臣们猜出了他的意思，于是请求立许平君为皇后（后人把这个称作"故剑情深"），汉宣帝终于如愿以偿。

智者为王

智者第❷关

1. 刘邦驾崩后，刘盈即位，朝政大权实际掌握在谁手里？
2. 汉朝的第一次盛世为什么被称为"文景之治"？
3. 七国之乱发生在哪位皇帝在位时期？
4. 汉文帝时允许自由铸币，因而富甲天下的人是谁？
5. 李广是怎么死的？
6. "罢黜百家，独尊儒术"是谁提出来的？
7. 汉武帝能够打败匈奴的关键是什么？
8. 汉武帝时派了谁出使西域，联合西域各国抗击匈奴？
9. "但使龙城飞将在，不教胡马度阴山"中的飞将指谁？
10. 漠北大战中，率领汉军攻打匈奴的是谁？
11. 《史记》是谁的著作？
12. "金屋藏娇"藏的是谁？
13. "盐铁之议"后，汉朝将什么的经营权还给了民间百姓？

智者无敌 王者为大

第 7 期

〖公元前 49 年—公元 17 年〗

假仁假义的王莽

穿越必读 ▶

　　王莽是皇太后王氏的侄子，后来他把女儿嫁给了皇帝，就成了国丈。篡位前他为人谦恭俭让，礼贤下士，被看作是"周公在世"。篡位后，他建立新朝，一心改制，却一败涂地。他建立的新朝是中国历史上最短命的朝代之一。

犯强汉者，虽远必诛
——来自长安的加密快报

自从南匈奴归附汉朝后，北匈奴就有些坐不住了。公元前44年，郅支单于派人向汉元帝刘奭（shì）表示也愿意归附汉朝，并请求归还质子。

汉元帝信以为真，派谷吉将质子送了回去。谁知质子一回去，北匈奴就翻脸不认人，立刻杀死了谷吉。

北匈奴这样做，不是明摆着戏弄汉朝吗？北匈奴也知道这次得罪了大汉王朝，所以没等汉朝发兵，就逃跑了。

敌人太远了打不着，汉朝就派使者与匈奴交涉，可从公元前44年，一直交涉到公元前36年，都没有得到一个明确的解决方案。大汉很多热血将士坐不住了，一个个摩拳擦掌，说一定要出这口恶气。

公元前36年，陈汤主动向皇帝请命，出使西域。对西域的形势进行了全面了解后，他与西域都护甘延寿火速召集汉朝边境军队，并联合西域各国的军队，兵分两路，对匈奴进行了突袭。匈奴猝不及防，被打得溃不成军。

汉军紧追不舍，追了三千多里地，一直追到了郅支单于的都城。只花了一天一夜时间，就攻破了都城，把郅支单于杀了。

大胜之后，陈汤上书汉元帝，写道："进犯我强大的汉朝的人，即便地处偏远，也一定要诛杀！"这样豪迈的话语，让人听起来真是热血沸腾啊！

来自长安的加密快报！

天下风云

昭君出塞，匈奴成了大汉女婿

公元前33年，南匈奴的呼韩邪单于亲自来到长安，向汉元帝表示希望恢复和亲的政策，自己愿意做汉朝的女婿。

汉元帝听了非常高兴，就在宫里下了一道旨意："谁愿意嫁到匈奴去，就把她当公主看待。"

汉朝宫中的宫女们都是从民间选上来的，一入了宫，就像被关进笼子里的鸟，都想飞出去。可是一听到要远嫁匈奴，没有几个乐意的。

这时，一个叫做王昭君的宫女挺身而出，报了名。这个王昭君生得美貌无双，能歌善舞，进宫很多年了，却一直没能被皇帝选为妃子。

这是为什么呢？原来，当时宫里的宫女太多了，皇帝没时间一个个召见，所以，他就派了一个叫做毛延寿的画师，去给这些宫女每人画一张肖像画。皇帝看中谁的肖像，就立谁为妃子。

这个毛延寿为人很贪婪，他趁着给宫女画像的机会，大肆敲诈勒索她们，并放言说："给了钱就画得美，不给钱就画得丑。"偏偏王昭君就不买他的账，于是他就将王昭君画丑了。皇帝看了画像后，当然不会见她了。

我就是传说中的昭君了！

天下风云

"这姑娘也太难看了！"

几年后，王昭君听到了匈奴单于求亲的消息。虽然她知道北国苦寒，此时也顾不得了那么多了，再怎么苦，也总比在这冷清的汉宫里待一辈子好，而且还能为汉匈和睦出力。所以，她义无反顾地报了名。

当王昭君来辞行的时候，汉元帝见眼前的女子美若天仙，这才知道自己被毛延寿骗了。想把她留下，却又不能失信，只得忍痛将王昭君送走，然后杀了毛延寿泄愤。

王昭君在汉朝官员和匈奴官员的护送下，骑着马，别长安，出潼关，渡黄河，过雁门，终于于第二年的夏天到了塞外，做了匈奴王的阏氏。她把汉朝先进的经济文化带到了匈奴，匈奴人都非常喜欢她，尊敬她。从此以后，汉匈两族团结和睦，六十多年都没有发生战争。

皇子身陷困境，谁人可救

编辑老师：

你们好！

我叫籍武，是掖庭狱（皇宫的秘密监狱）的狱丞。我们的皇上（指汉成帝）一直没有儿子，前几天，有一个叫曹宫的宫女为皇上生下了一个儿子。皇上知道后开心得要命，就派来六个宫女，和我一起照顾他们。

可是皇后赵飞燕和她的妹妹赵合德要弄死皇子。没办法，我只好将婴儿转移到宫里另一个地方去。赵皇后找不到孩子，就派人毒死了曹宫。下一步，赵皇后就要对付皇子了，我该怎么办呢？

籍武

籍武：

您好！

赵皇后的所作所为真是令人发指。可她在宫中只手遮天，就连皇上也不敢惹她不高兴，我们就更拿她没办法了。

皇子留在皇宫中实在太危险了，最好是想办法送到宫外抚养。虽然宫外条件差了点，但至少能保住一条命。

最后，我们全体编辑希望这个可怜的孩子能健健康康地长大。

报社编辑 

（可惜没过几天，赵飞燕就率先找到了这个婴儿，将他抱走了，从此这个婴儿再也没有消息。）

王家出了个大圣人

汉元帝死后,成帝刘骜、哀帝刘欣相继继位,两人都是荒淫无道的昏君,朝廷大权逐渐落到了王太后家族的手中。王家先后有九个人被封侯,五个人担任大司马(相当于军队总司令)。

王家人仗着大权在握,整天横行霸道,骄奢淫逸。只有王莽生活节俭,待人谦虚,深受百姓好评。

王莽对当时担当大司马的伯父王凤十分恭敬。王凤死后,王莽成了大司马。虽然位高权重,却依旧礼贤下士,甚至卖掉车马救济穷人。不管是在朝廷还是在民间,大家都对他赞不绝口。

年仅9岁的平帝即位后,国家大事都交给王莽做主。

有人为了拍王莽的马屁,就跑到太皇太后面前,说王莽功绩和霍光一样高,应该给他封赏。王莽推辞不要,最后在大臣们苦苦劝说下,王莽才接受了封号,但仍坚决不肯要封地。

有一年,全国遭遇旱灾和蝗灾,王莽建议停止征粮征税,还带头拿出100万钱、30顷地,作为救灾的费用。太皇太后又要赏赐王莽两万多顷土地,王莽依旧推辞了。这事儿一经传播,王莽在天下人心中的形象顿时高大起来,都说他是大圣人。

弄假成真，大圣人原来是个伪君子

只有一个人知道王莽的可怕，那就是汉平帝。为了防止平帝舅舅家的人跟自己夺权，王莽不仅不准平帝的母亲来京城，还派人将他舅舅一家都杀光了。平帝长大一点儿后，王莽又将自己的女儿嫁给他做皇后，做起了国丈，把国家大权牢牢地控制在自己手里。

平帝这人不会掩饰，把自己对王莽的不满全写在脸上。王莽很快就看了出来。没过多久，平帝就病死了。

王莽就在刘家的宗室里选了个两岁的小孩当皇帝，自己做起了"假（假是代理的意思）皇帝"。这时，有人看出苗头不对了，既然王莽已经做了"假皇帝"，那离真皇帝还远吗？

没过多久，皇宫里有人"无意"发现了"王莽是真命天子"的牌子。之后王莽又拿到了玉玺，让小皇帝禅位，自己披上了龙袍，宣布建立新朝。就这样，王莽成了历史上第一个篡权成功的外戚（外戚指皇帝的母族、妻族），已经维持214年的西汉王朝彻底灭亡。

这一年，是公元8年。

直到这时，人们终于看清了王莽的真面目。什么不肯接受封号，不肯接收封地，全都是在作秀。王莽这个人，就是个彻头彻尾的伪君子！

为了权力，儿子成了垫脚石

王莽做了皇帝，他那些陈芝麻烂谷子的事儿，也都成了热门话题。其中，有一件他大义灭亲的旧事，被百姓们津津乐道。

那时，王莽还没有做皇帝，有一次他的二儿子王获杀了一名奴仆。贵族杀奴仆，这在汉朝是很常见的事，没什么大不了。只要王莽一家自己不说，也没人会追究。就算按照法律来办，也不过是出点儿钱，或者是被削去爵位。

可是王莽知道这件事情后，却大发雷霆。他将所有家人和奴仆召集到一起，将王获骂了个狗血淋头。最后他让人拿来一把剑，递给王获说："杀人偿命，你自己看着办吧。"

就这样，王获被父亲逼着自杀了。

事情传到朝中，整个朝野都被他大义灭亲的行为震惊了，百姓纷纷夸赞王莽铁面无私。

不过现在看来，王莽当时根本就是别有用心。那时，他刚好被贬了官，很多人都等着落井下石。在这节骨眼上，他唯恐被人抓到把柄，所以就用儿子的性命保住了自己的权力。可见王莽这人不仅虚伪，而且心肠也极其狠毒。

水碓舂米，这个工具真新奇

有一种新的舂米工具正在长安城流行开来。这种工具是最近一段时间发明的，叫做水碓（duì），也有人称之为水捣器，是用来舂米的。大家都说，以前手工舂米，累得要命不说，而且忙活了半天也舂不了多少米，现在发明了水碓，舂米就容易多了。

水碓的一头是个很大的水轮，上面有一些转叶，另一头连着一根结实的木杆，木杆的一端绑着圆锥形的石头，下面正对着一个石臼（jiù）。人们舂米时利用流水冲击水轮上的转叶，带动木杆上的石头一起一落运动，就可以除掉石臼里谷子的外壳。

运用这种工具，只需要有流动的水源和一个人看护，就可以完成整个舂米的过程。而且水碓还可以日夜不停地工作，大大提高了舂米的效率。这为广大老百姓的生活带来了极大的便利。

用水碓舂出来的米，特别干净，吃起来味道特别香。

名人有约

身份：新朝皇帝

大：大嘴记者　**王**：王莽

大：你好，皇上。

王（**亲切地笑**）：何必这么客气，我们都是读书人出身，你就叫我王兄好了。

大：那好，王兄。请问你在做"代理皇帝"的时候，有人站出来反对吗？

王：有。刘家就有个叫刘崇的起兵反对我，可他那几个兵哪是我的对手，最后连他自己的命也搭在战场上了。还有那个太守翟义，竟然召集了十多万人，气势汹汹地要进攻长安，不过也被我镇压下来了。

大：也许他们相信了一个传闻：平帝是你害死的，你在敬他的那杯酒里下了毒……

王莽瞬时黑了脸。

大：呃……换个话题吧。不知王兄夺位后，如何面对太皇太后呢？听说自从你登基后，她就把自己关在宫殿里，发誓不再见你。

王：不管怎样，我会一如既往地照顾她。你说，我当了皇帝，天下就是我们王家的了，她怎么就不明白呢？

大：可是，你是她一手栽培起来的，却一直欺骗她，最后还夺了她子孙的江山。你叫她怎么原谅你呢？

王莽再次黑了脸。

大：呃，那我们再换一个话题吧。请问你当上皇帝后，是怎么治理国家的？

名人有约

王：这个嘛，我当然要为天下的老百姓着想了。我觉得周朝以礼治国的制度就很不错，所以就效仿周朝，进行了一番大改革（史称王莽改制）。

大：具体内容呢？
王：我将天下的田地改名为"王田"，不准私人买卖，富豪们要将多余的田地分给穷人。

大：分富济贫，这对老百姓是好事啊。可是富豪们愿意白白把土地送人吗？
王：唉，当然不愿意了。他们天天跟我吵，吵得我头痛。最让人失望的是，老百姓也不买我的账，他们觉得那些田不是属于他们的。

大：这也难怪，要是把所有权也给他们，他们就不会说闲话了。
王：其实我制定这些制度都是为天下百姓着想。我改革货币制度，也是用来削弱那些富豪们的经济实力，缩小贫富差距啊。谁知越改越混乱，那些富豪官员有了定价权，趁机又发了一笔横财。

大：听说你之前禁止了买卖奴婢，可后来又恢复了，这是怎么回事？
王：这个法令根本就行不通啊。那些大地主大富豪，哪个家里不是奴婢成群，没人伺候他们简直就活不下去啊。所以这条法令遭到了他们强烈反对，只实行三年就作废了。

大：看来现在，你是富豪地主也得罪了，普通百姓也得罪了啊。那请问你还要将改革进行下去吗？
王：我觉得，我的政策是没有错的，只是还需要一段时间才能看到效果。所以，我决定将改革进行到底。

大：好吧，但愿能像你说的那样，祝你的改革早日取得成效。

（一段时间后，王莽的复古改革依然不见成效，而整个天下已经被他搅得一团糟，百姓们都快活不下去了。）

百姓茶馆

商人李玉：前些日子，我去皇宫送货，看见有个大美女在太液池那边跳舞，听说她就是皇后赵飞燕，她的身材果真是跟燕子一样轻盈啊，搞得我都看入迷了。只可惜她太瘦了，突然，刮来一阵风，差点把她刮到池子里去了。幸好，有人抓住了她的裙子才没有掉下去。

皇宫侍卫许高墙：这算什么，皇帝（指汉成帝）还让宫女们托起个水晶盘，让赵飞燕在盘子里跳舞呢！真是不可想象！要不是身在皇宫，她那样的水平绝对是个大舞蹈家。

刘小姐：我说皇帝怎么就不喜欢班婕妤呢？班婕妤既聪明又美丽，还写得一手好诗，只可惜碰上的是昏君啊，一身的贤良淑德没地方使啊！不过话说回来，如果她一直被皇帝宠着的话，可能也就写不出那么多优美的诗篇了。

132

广 告 铺

求购水碓

　　我是南越国的一名普通百姓，我们的国家就在大汉朝的南面。前几天，听说大汉朝有人发明了一个叫做水碓的工具，舂起米来既省力效率又高，我很想买一个带回去。我不知哪里有卖的，希望出售水碓的商人看到后，通过《历史穿越报》联系我，价钱好商量。

南越国某百姓

感谢公告

　　前一段时间，汉朝皇帝将一位美貌的公主嫁给了我。这位公主是我见过的最美丽的女子，由此可见，汉朝皇帝是真心待我的。为了表示我臣服于汉朝的决心，我决定将这位公主封为"宁胡阏氏"（意思是匈奴有了汉女作王的妻子），特此公告天下。

呼韩邪单于

出售古董若干

　　自从王莽上台后，货币制度一天一改，钱币是越来越不值钱了。我家虽然不是什么达官显贵之家，但原本也算得上是小康家庭。可是，最近家里的日子越过越穷，就快连饭都吃不上了。家里值钱的东西也卖得差不多了，还剩下几件秦朝时期的古董一直没舍得卖，可现在也管不了那么多了，有识货的买家请速速与我联系吧。

昆阳某教书先生

第❽期

〖公元17年—公元57年〗

刘秀建立东汉

穿越必读▶

西汉末年，天下大乱。一介布衣刘秀趁机以前朝皇室的名义起兵，建立东汉，使分裂长达20年的中国再次统一。刘秀在位33年，大兴儒学，以"柔道"治理天下，使东汉初年出现了社会安定、经济恢复、人口增长的局面，史称"光武中兴"。

CHUANYUE BIDU

到处在造反，王莽新朝要完蛋
——来自全国各地的加密快报

公元17年，在王莽的残酷压榨，以及南方一连串的天灾下，导致了全国大规模的饥荒。很多百姓抢了官仓的粮食，跑到山里做了土匪，这些人自称绿林军，以绿林山为根据地，以王匡和王凤为首领。

公元21年，王莽的荆州牧（州长）率兵2万出击绿林军。绿林军大败王莽军，士气高涨。他们一路攻城略地，很快就发展到了5万余人。

公元18年，有个叫做樊崇的人，带了几百人在泰山郡打击官府，救济百姓，很快发展到了几万人。为了在作战时区分自己人和敌人，这些人把眉毛都涂成红色。所以，人们叫他们"赤眉军"。

王莽派了大将军廉丹率领10万大军，前往镇压"赤眉军"。两军打了一仗，结果，官兵大败。就连将军廉丹也被乱军杀死了。"赤眉军"一时名声大振，很快就发展到了10万多人。

据报道，黄河两岸的平原上有大大小小几十路起义军，还会有更多的起义军如雨后春笋般不断地冒出来。现在到处硝烟弥漫，战火连天，西汉时社会的祥和宁静已经一去不复返了。

来自全国各地的加密快报！

昆阳之战，刘秀一战成名

公元23年，绿林军立了皇室出身的刘玄为皇帝（史称更始帝）。从那以后，绿林军便成了汉军。

刘玄即位后，派出几名大将，一连打下了昆阳（今河南省叶县）等好几座城池。王莽急了，任命王邑为大将军，凑了四十多万大军，气势汹汹扑向昆阳。

当时驻守昆阳的汉军只有八九千人，有人见守不住了，建议放弃昆阳。

这时，一个叫刘秀的人站出来说："我们兵马和粮草都不多，必须团结一致对抗敌人。如果昆阳失守，汉军各部也会相继溃败，到时候，整个汉军就都完了。"

将士们觉得刘秀的话很有道理，最后让王凤留守昆阳，刘秀突出重围去搬救兵。

王邑的军队把昆阳包围了数十层，日夜攻打，一次又一次地发动强攻。汉军打得十分辛苦，但依旧拼死坚守。

刘秀带着郾城和定陵的一万多人马赶回来，立即向王邑的军队发动猛攻。

城中的汉军看到援军打了胜仗，士气高涨，立刻从城里冲了出来，内外夹击，将王邑的兵马打得落花流水。最后，王邑只带着残余的几千人，慌慌张张地逃回长安。

很快，汉军攻占了长安。城里的居民纷纷响应，放火烧掉了皇宫大门。王莽也被汉军一刀砍死了。

新朝就此灭亡，而刘秀却因为这场大战，一举成名。

刘秀重建汉朝

刘秀取得昆阳大捷时，他的大哥刘縯（yǎn）也攻下了宛城（今河南省南阳市）。两兄弟的名气越来越大，令更始帝很不放心，于是以违抗军令为由，把刘縯杀了。

刘秀听到这个消息，立即跑回宛城，向更始帝赔罪，表示兄长犯上，自己也有过错。他也不给哥哥戴孝，每天照常吃饭喝酒，还与意中人阴丽华成了亲。有人夸起他的功劳，他都推说是将士们的功劳。

渐渐地，更始帝放松了对他的警惕。在一个大臣的建议下，他不给刘秀一兵一卒，让他一个人去最乱的河北招抚。

这时，王莽和他的新朝刚刚覆灭，河北不知有多少人浑水摸鱼，都说自己是西汉皇帝的后代，你称王，我称霸，吵吵嚷嚷，一有机会就武力火并。

刘秀刚一踏上河北这块土地，就有人开始警惕，幸好有上谷、渔阳两个郡的支持。靠着这两个郡的兵力，刘秀很快就在河北打出了一片天下。再到后来，整个河北都成了刘秀的地盘。

公元25年，刘秀终于正式与更始帝决裂，在河北自立为帝，称汉光武帝。

不久后，他打下洛阳城，定都在那里，重新建立了汉朝。由于洛阳在长安的东边，为了区别，人们称刘秀建立的汉朝为东汉。

得陇望蜀，刘秀统一天下

公元36年，是刘秀做皇帝的第12个年头。在这12年里，刘秀消灭了包括绿林军在内的大部分割据势力。现在，他打算对最后一个对手——西帝公孙述动手了。公孙述是在成都几乎与刘秀同时做皇帝，而且实力也不弱。

刘秀通过几次激烈的战争，夺取了陇右。没有了陇右这个障碍，刘秀把目光投向了蜀地。这天早上，汉朝的一支突击队，突然出现在成都平原上，使得当地百姓大吃一惊。据说公孙述知道这个消息时，气愤地抓起手杖狠敲地面，叫道："这来的是哪路神仙！"

不过，在汉军准备挥师前进时，统帅岑彭却被刺客刺杀，命丧当场（不用说，这肯定是公孙述派来的）。但很快，一名叫吴汉的将领接替了岑彭的空缺，指挥汉军以迅雷不及掩耳的速度，逼近成都。

为了扰乱蜀军军心，汉军一边在城外嚷着要公孙述缴械投降，一边在不远处布置埋伏。公孙述果然上当，他气急败坏地召集一支敢死队，冲杀出来。汉军佯装节节败退。公孙述得意忘形，继续追赶，结果掉进了汉军早已设计好的埋伏中，全军覆没。

这次大战，以公孙述本人被刺伤，他的大臣们投降而告终。至此，战火连年的中国再次统一！

硬脖子的董宣

编辑老师：

你们好！

我是湖阳公主，皇上（汉光武帝）的姐姐，最近有件事情可把我气坏了。

我家有个仆人杀了人，这本不是什么大不了的事情。可洛阳令董宣不识好歹，竟拦住我的马车，将仆人当场处决了。

我去跟皇上哭诉，皇上把董宣叫了来，要打他。董宣却说："皇上您很圣明，复兴了汉朝，但现在却放纵他人杀人，这怎么能治理好国家呢？"说着就用头撞柱子，撞得头都流了血。

皇上看他这样，就只叫他向我磕个头，认个错。可这个董宣竟然说宁愿把脑袋砍下来，也不磕这个头。他硬着个脖子，侍卫们按都按不下去。他这不是再次给我难堪吗？可皇上不但不怪他，还赏了他30万钱，说他执法严明。这口气我怎么都咽不下去，希望你们能给我出个主意，好好整治一下这个董宣！

湖阳公主

湖阳公主：

你好！

听了你的故事后，我们觉得董宣并没有什么过错。

你要知道，法律不是专门给百姓制定的，杀人就要偿命，皇亲国戚也不例外。自古以来打江山容易，治理江山难，要依法治国，国家才能稳定发展。希望你也能明白这个道理，以后不要纵容家奴胡作非为啦！

报社编辑

仕宦当作执金吾，娶妻当得阴丽华

东汉开国皇帝刘秀奋斗近20年，终于建立了与西汉高祖皇帝刘邦同等的功业。这样的成功着实令人敬仰，谁也不知道，这一切只是来源于他的一句话。

刘秀出生皇族，他的祖上是王爷，但到了他这一代，已经成了平民。20岁那一年，刘秀到长安的太学读书，看到一位官员出行的浩大排场。是什么官员呢？就是京城的执金吾。当然，刘秀当时并不清楚那位官员是什么等级，只看到三百多名骑兵和五百多名披甲士兵组成的庞大护卫队。于是他忍不住感叹了一句："仕宦当作执金吾，娶妻当得阴丽华！"意思是，做官就要做执金吾这样有大排场的官，娶妻就要娶像阴丽华那样美貌的女子。

这阴丽华又是谁呢？阴丽华是刘秀家邻县一个大户人家的千金，是个远近闻名的大美女。刘秀早就喜欢上了人家，但当时，刘秀是一个穷书生，虽然喜欢，但也只能藏在心里。

八卦驿站

也就在这一刻，刘秀树立了自己人生的两大理想。

昆阳之战后，刘秀一举成名，没多久，他终于如愿以偿，娶了阴丽华做妻子。而且他还坐上了皇帝的宝座，统一了天下。

刘秀打天下时，为了得到真定王刘扬的支持，还娶了刘扬的外甥女郭圣通为妻。刘秀当上皇帝后，问题来了，到底是立阴丽华为皇后，还是立郭圣通为皇后呢？

当然，刘秀想立的是阴丽华，可是，阴丽华推辞了，并说："郭氏曾经与你患难与共，更何况她已经有了孩子，还是立她为皇后吧。"

在阴丽华的再三坚持下，刘秀只好立郭圣通为皇后，封阴丽华为贵人。

多年后，刘秀还是废掉了郭圣通，将阴丽华立为皇后。

名人有约

大嘴记者

特约嘉宾：
刘秀

身份：汉光武帝（东汉开国皇帝）

大：大嘴记者　刘：刘秀

大：陛下，很高兴您能接受本报的采访。对于您当初是如何发动起义，反对王莽政权的，大家一直感到好奇。您能不能具体谈谈呢？

刘：哦。这事说起来有点儿意思。王莽有个国师叫刘歆，是个大学问家。一天他研究出一条谶（chèn）言，呃，也就是一个神秘的预言，说是叫刘秀的人应该当皇帝。

大：您信了？

刘：是他自己信了。这个刘歆有点儿傻气，竟然自己改名叫刘秀，想发动政变当皇帝，结果被王莽处死了。至于我，开始是不相信的，后来是看到哥哥反了，我也就跟着反了。

大：当时官府不知从哪得到了风声，你们面临着很大的危险吧？

刘：嗯，情况确实如此。所以我哥哥就决定提前起事，但当时大家都不怎么相信他，因为他是个热血青年，特爱冒险，跟着他有点不靠谱，搞不好会搭进全家人的生命……

大：所以，您就一改以前的书生打扮，穿着威严的官服出现在众人面前……

刘：当时我只是想表示自己反抗暴政、光复汉室的决心，顺便也支持下

名人有约

哥哥。谁知大家一看见我，就都同意提前起事了。也许……大家觉得我平时比较靠谱吧。

大：但是听说那一天，不是所有人都支持起事，其中就有您的叔叔刘良。

刘：也就他一个人，呵呵，他还嚷嚷要告官呢！

大：那您是怎样处理这件事的呢？

刘：再怎么着，他也是我叔叔啊，我们就把他关进一个小屋，好酒好肉款待。到一切都准备好后，我们才请他出来，笑着说一起去告官。但这个时候，叔叔已经站到我们这一边来了。

大：说到您的奋斗生涯，不能不提到皇后娘娘阴丽华。

刘：不错，是她给了我动力，给了我信心。能娶丽华是我这辈子最大的福气。

大：可是，几个月后您在河北为了争取盟友，又娶了当地真定王的外甥女为妻，并在称帝时立她为皇后。直到后来，您才立阴丽华为皇后。

刘：唉，娶真定王的外甥女，我也是迫不得已啊。我又怎么能忘记自己的发妻呢？她曾经陪我度过最惶恐难熬的一段日子。后来在我全力征讨陇右的时候，她的母亲和弟弟在后方被流寇杀害。我对她一直都很愧疚。

大：嗯。能不能谈谈您平定天下后，倡导天下人学习图谶（预言类的书籍）的事呢？

刘：至于我为什么让全民学习图谶，（作头痛状）抱歉啊，皇后说宫中有急事等待我去处理。

大：既然皇帝陛下有急事，那观众朋友们，本期访谈到此为止，谢谢大家！

百姓茶馆

今天我发现了一个特别有趣的东西，叫做水排，是南阳太守杜诗发明用来冶铁的。与以往的冶铁器具不同的是，它利用水力鼓风来冶铁，不仅让冶铁工匠不再那么辛苦，同时，也提高了冶铁的效率。最妙的还在于，水排炼出的铁质量极好，可以打造出更为精良的兵器和农具呢！

长安太守

洛阳某太学生

我8岁时，父母就在乱世中过世了。但幸运的是，我15岁时，天下终于太平。光武帝在洛阳重新开办太学，招收士子入读。因为品学兼优，我被家乡的父母官举荐进了太学。

这不，我刚刚领来了学府免费发给我的经书、纸笔，再加上一笔贫困生生活补助费。还有，学府特别为我们安排了宿舍住。而明天，我就能看到那些饱读诗书的大儒了。一想到这些，我就忍不住喜悦、兴奋。我一定加倍努力，不辜负这上天赐给我的恩惠。

有一批官员和学者整理编撰出一部书，书里面包含二百多个与日常生活、生产相关的算术题和解法。由于它分为九个章节，学者们把这部书命名为《九章算术》。

据说，一位县令利用这本书里所讲的原理，快速而准确地计算出好几千亩地的面积，而且合理分配了全县百姓的赋税和徭役。县令还告诉人们，《九章算术》是目前为止，全天下最先进的算术著作。

江南某老头

广 告 铺

宅院出售

我是一个读书人,父亲死后,给我留下了一座大大的宅院。我本来打算从此以后就在宅院里好好读书,可是前几天,我听说交趾地区发生了叛乱,皇上派马援老将军前去平叛。我也有些坐不住了。

如今虽然是和平时期,但是地方上仍不时有叛乱,我作为一个读书人,实在不想就这样守着一座宅院过日子,我要去投奔马老将军,建功立业。所以,我想把我父亲留给我的宅院卖掉,价格非常便宜,先到先得,望诸位莫失良机。

洛阳书生

马援招工匠

在刚刚平定交趾地区的叛乱中,我缴获了一只巨大的铜鼓。

现在,我想将这只铜鼓熔掉,铸造一匹千里马,用来指导人们相马。毕竟在战争中,一匹好的战马是非常重要的。现在我已经亲手画好了图纸,可还缺少工匠。因此,我希望全国各地手艺精湛的工匠都能来报名,包吃包住,待遇丰厚,更重要的是,你们还能为大汉的军队贡献一份力量。

伏波将军马援

第 9 期

〖公元 57 年—公元 88 年〗

班超威震西域

自汉宣帝开设西域都护以后，西域各国一直与汉朝保持着良好的关系。但到了王莽新朝时期，西域部分国家受到匈奴控制，断绝了跟中央政权的联系。班超两次出使，他智勇双全，为平定西域，促进民族融合，做出了巨大贡献。

穿越必读

烽火快报

汉朝将与匈奴再次开战
——来自洛阳的加密快报

来自洛阳的加密快报！

近日，有人在洛阳听到风声，汉明帝准备出兵攻打北匈奴啦！这个消息很快就传遍全国，人们议论纷纷，有兴奋的，也有担忧的。还有人觉得耳听为虚，眼见为实，悄悄跑到了大汉的军事基地酒泉城去打听了。

据打听消息回来的人说，酒泉城的军事行动，的确在紧锣密鼓地进行着。至少有上万名汉族骑兵，以及羌人骑兵已经屯集在那里。粮食等物资也源源不断地运进城内。军队日夜进行操练，兵器被磨得闪闪发光，看一眼就让人热血沸腾。

人们不禁纷纷感慨，自从王莽执政后，几十年以来，由于汉朝的衰落以及内战，政府对于崛起的匈奴，一直无力对抗，边疆百姓日夜担惊受怕。现在好了，国家的军队重新强大起来，可以给北匈奴人一点儿颜色瞧瞧了。只是，不知道西域那些背叛汉朝、投奔匈奴的小国，会站在哪一边呢？

一出兵就打了大胜仗

公元73年的春天，大将军窦固带领一万多名大汉铁骑，以闪电般的速度，穿过千里沙漠，直扑西北方向的天山，打算一举打垮匈奴。

出发前，窦固已经得到确切情报：匈奴的呼衍王刚刚抢劫了玉门关附近的城镇，正停留在天山脚下，准备等春天小草发芽后，在这里放牧，顺便好好享受一下抢来的战利品。

汉军从天而降时，呼衍王还沉浸在抢劫的喜悦中呢，见汉军杀到门口，才惊慌失措地跳上马背，带兵匆忙迎战。

开始，他们还以为，这支汉军骑兵不过是地方军，势单力薄，轻轻松松就可以击溃。一交战，他们才发现不对劲，因为这支汉军骑兵异常勇猛彪悍，他们根本就抵挡不住！

不一会儿，匈奴兵就死的死，降的降。

就这样，汉朝一出兵就打了个大胜仗。不过，大汉和匈奴的战争还远远没结束，因为呼衍王和几个随从仓皇逃走了。

看来，从此以后，双方就要在西域和大草原上常年角逐了。

天下风云

不入虎穴，焉得虎子

公元73年，就在汉军大举袭击匈奴的同时。班超带着36个随从去了西域。他要去干什么呢？因为汉军和匈奴大战的时候，西域有些小国一直在大汉和匈奴两国之间摇摆不定。班超这次出使，就是要去劝说那些小国的国王，叫他们擦亮眼睛，不要站错了队伍。

首先，班超来到了鄯善国。

鄯善国就是以前的楼兰国，自汉武帝以来，一直是向汉朝称臣。后来汉朝衰落，没有力量控制它了，于是，野心勃勃的北匈奴趁机出动武力，控制了鄯善国。可现在汉朝又强大了，鄯善国一下子就不知道该站在哪边了。

班超和部下带着丰厚的礼物，参见了鄯善国王，并表示希望他能重新归附大汉。哪知这个国王不知葫芦里卖的什么药，既没有答应，也没有拒绝，只是好吃好喝地招待这些使者。

几天后，国王的态度来了个大转变，对班超他们突然就冷淡起来。班超凭着直觉，猜测可能是匈奴的使者也到了，给他

天下风云

们带来了更丰厚的礼物。

事实就像班超猜测的那样,这个时候,国王正在宫殿里款待那些匈奴使者呢。情况有点儿不妙,看来国王是要站在匈奴那边了。

班超果断地召集了自己的36名手下,说:"大家跟我一起来到这里,无非是想建功立业,报效国家。可是现在,鄯善国王要把我们当作礼物,送给匈奴人。一旦落入匈奴人手中,我们就会没命。大家说,现在该怎么办呢?"

随从们都说:"是死还是活,我们都听您的。"

于是班超说:"不进老虎洞,又怎么能抓住小老虎(不入虎穴,焉得

不入虎穴,焉得虎子!

天下风云

虎子）呢？现在我们唯一的出路，就是趁着天黑，打进匈奴人的帐篷。趁他们惊慌时，将他们全都杀死！"随从们都表示赞同。

深夜，当匈奴使者还在自己的帐篷中熟睡时，班超悄悄带人包围并点燃了所有帐篷。匈奴人顿时乱成一团，哭着叫着滚了出来。班超和部下立即冲过去，杀死、烧死了一百多人，并将其余人也都活捉了。

天亮之后，班超叫人请来鄯善国王，将匈奴使者的脑袋给他看。鄯善国王吓得心惊胆战，立刻表示愿意归顺大汉。西域其他国家听到这个消息后，也都震惊不已，纷纷与大汉结好。

斩杀于阗巫师，
班超原来是个无神论者

班超离开鄯善国后，继续往西走，来到塔里木盆地南端的于阗（tián）国。

于阗国是西域各国里最强大的国家之一，匈奴人和大汉朝廷对它都很重视。班超还没到于阗国的都城，就向于阗国递交了外交文书。于阗国国君捧着文书左右为难，他早就听过班超在鄯善国的事情。可是在班超到来之前，匈奴人已经前来"关照"过了。

于阗国国君两边都不想得罪，只好去问他的国师——一个喜欢装神弄鬼、但却受于阗人崇拜的巫师。巫师让人去告诉班超："你们的到来已经触怒了天神，现在你们必须交出一匹马来祭拜天神，否则神就会降下灾祸！"

班超一听，笑着说："那好啊，我这儿已经准备好了，叫你们国师自己来取。"

于阗巫师大摇大摆来到班超的营地，问他们："马呢？"

班超懒得跟他废话，拔出刀就将他脑袋砍了下来。使者回报后，整个于阗宫廷为之震动。于阗国君赶紧把班超请进王宫，和他缔结盟约，表示愿意归附汉朝。

窦氏受宠，外戚开始封侯

公元82年发生了一件稀奇事儿，当朝的汉章帝为讨窦皇后开心，为她死去的父亲封了个侯爷的爵位。

这个窦皇后，凭借着自己的美貌，把汉章帝迷得神魂颠倒，任由窦皇后整死了自己的几个嫔妃，还由着她把别人的儿子据为己有，并立为太子。

这还不算，汉章帝又封窦皇后的几个兄弟做了大官，甚至想把他们全部封为侯爷。但之前高祖皇帝有过规定：外戚没有功劳的不许封侯，也不许干涉政治。东汉开国皇帝汉光武帝吸取了王莽夺权的教训，也这么强调过。

汉章帝顾忌着这些，怕群臣反对，才没坚持封窦氏几兄弟做侯爷。但是，窦皇后一家的权势已经越来越大了。

外戚消停了一阵，如今又登上了政治舞台，朝中大臣都为江山社稷忧心忡忡。

天下风云

给窦皇后的一封回信

编辑老师：

你们好！

我是窦皇后（汉章帝的皇后），想向你们讨个主意。事情是这样的，前不久我的哥哥窦宪仗着自己是国舅，用很低的价钱强买下了沁水公主名下的一大片良田。后来这件事情被章帝知道了。章帝指着我哥哥的鼻子大骂，说他目无法纪，蔑视皇室，想做大汉朝的赵高。

我很担心皇帝会因为这件事疏远我们窦家。我希望能平息陛下的怒气，但我现在心里很慌，你们有什么好主意吗？

窦皇后

尊贵的窦皇后：

您好！

我们的建议是，您降低自己服饰的品级，去向陛下请罪，同时为您哥哥求情。我们相信陛下会念在你们往日的情分上，不再计较。不过，您还要约束下您哥哥。他是国家栋梁，以后大汉朝也许很需要他。最后，祝愿您和您的哥哥能化险为夷。

报社编辑

（几天后传来消息，皇后果然降低了自己服饰的品级，汉章帝也果然没有治窦宪的罪，只是命他将田地还给了沁水公主。）

新闻广场

王景造福黄河八百年

　　西汉末年，有一次，黄河与汴渠同时决口，河水到处泛滥，两岸百姓苦不堪言。可是，修复河堤的工程却拖延下来，这一拖，就拖到了汉明帝时候。终于，公元69年汉明帝派出全国最著名的水利专家王景，组织了几十万人去修复堤防。

　　王景来到现场后，仔细观察了水势，亲自对地形进行了勘测。他决定，先对黄河进行治理。他在黄河两岸修建了长达千里的堤防，又疏通河道，减少了洪水冲毁堤坝的可能性。紧接着，他着手治理汴渠，把汴渠险峻的弯道挖直，还加固了那些容易被冲垮的堤防。

　　经过一年多的紧张施工，公元70年，王景终于将水患彻底治理好了，为两岸百姓做了一件大大的好事。百姓们无不欢呼，对王景大加称颂。

　　据权威人士估测，王景这次的整修工程，能确保黄河今后八百年不再有大的水患。

王充写了一本反对皇帝的书？

东汉时期，洛阳各大书店里，出现了一本叫做《论衡》的书，是大学问家王充写的。看过这本书的人说，这是一本反对皇帝的书！

这还得了，王充是不是吃了豹子胆，竟然著书与皇帝作对！

不过很快王充就出来澄清，他并没有反对皇帝，只是写了自己发现的一些简单的道理。他认为，人死了之后根本不会变成鬼，只会化为尘土；大自然是永恒存在的，并不会因为人的想法和感觉变化而有所改变。

他还说，皇帝并不是上天的儿子，和我们一样是凡人。他们与上天之间并没有什么心灵感应。

如此一来，谣言才渐渐平息下去。说起来，这本书虽然没有反对皇帝，至少也算是反对帝王崇拜了。不过，这样也好，现在百姓这么迷信，王充先生的这本书，对于破除这种极端迷信的社会风气，一定会起到积极作用。

汉明帝一梦，换来白马寺

明帝一大早起床，就找来了几个精通解梦的官员，向他们讲述了一个奇妙的梦：他看见一尊巨大的金人，闭目盘腿坐在一个荷花状的坐垫上，一路从西方飞到他的面前。

官员们都回答说，这是天竺的神明——佛。听去西域做买卖的商人说，天竺人都信奉这位伟大的神明。因为他仁慈宽恕，能给百姓带来幸福。现在，佛看到了东方大汉皇帝的仁德，愿意把这种福气带给他的臣民，所以特别托梦预示皇帝陛下。

明帝一听，于是派人去天竺求佛。

公元68年，两位天竺高僧跟随汉朝使者，用白马驮着几大袋经书，不远万里来到洛阳城。

汉明帝亲自接见了这两位高僧，并听了一段经。虽然什么也没有听懂，但明帝还是对这两位高僧十分尊敬。

为了给高僧提供一个讲经的清净地方，明帝下令，在洛阳城郊建一座宏伟的寺庙。并且为了纪念白马驮经的功劳，这座寺就被命名为"白马寺"。这也是汉朝的第一座寺庙。

人们围着刚刚落成的白马寺惊叹不已，都说皇帝果然是皇帝，一个梦就梦来了这么大一座寺庙。

名人有约

身份：著名军事家、外交家

大：大嘴记者　**班**：班超

大：班兄，欢迎你做客《名人有约》。听说你41岁前一直是个文人，每天做的事情就是为官府抄写文书。那么，是什么原因促使你丢掉手中的笔去从军的呢？

班：那时，我哥哥班固日夜忙着写《汉书》，母亲和妹妹需要我来供养，没办法我才去抄写文书。但是，我并不喜欢这份工作。我常想：大丈夫就应该像张骞那样，去塞外建功立业，怎么能老死在书房里呢？后来，我听说朝廷准备反击匈奴，我就扔下手中的笔，去投军了。

大：书生从军，你可是千古第一人。

班：你太抬举我了。虽然我们的国家日益强盛，但匈奴人却仍在边疆侵害我们的百姓。作为一个大汉子民，我有义务为国尽一点儿力。至于什么千古第一人，我还真没有想过。

大：班兄说得太好了。听说你出使西域的时候，杀了匈奴使者。你有没有想过，这么做风险很大？

班（激动）：风险？将士们哪一天不面对风险？那些生活在匈奴人弯刀下的百姓，哪一天不面对风险？我们冒的这点儿险和他们比算得了什么！难道要畏首畏尾，让我们的将士和百姓流更多的血吗？

大：我不是这个意思。你和你部下的勇气，我是毫不怀疑的。我是想说，你身负重大使命，难道就不担心鄯善国王突然翻脸，把你们抓起来，交给北匈奴单于治罪吗？

班（语气和缓下来）：哦，说到这个，就是你不懂外交事务了。假如我们大汉国力孱弱，我连西域都去不了。现在我们兵强马壮，就连南匈奴也归附了，而且我们的军队已经大举出塞，北匈奴人没有多余的精力放在西域。面对一个剑已出鞘的大国，和一个忙于招架的国家，哪头更牢靠，鄯善国王难道分不清吗？

大：看来班兄不但是军事天才，还是外交天才，西域五十多个国家重新归属大汉朝，打通丝绸之路，重写汉朝在西域的辉煌，你是第一大功臣啊！

班：哪里哪里，我只是做了自己想做的事情，实现了毕生的志愿。只是这么多年来，我一直没能再回到中原看看家人，不能不说是一个遗憾。

大：你就没有向朝廷请过假？

班：母亲过世时我向朝廷请过一次，但当时朝中已被窦氏把控，我寄去的信像泥牛入海，没有回音。我就想算了吧，趁着自己还能做事，好好尽最后一份力。

（记者还想说什么。这时，有士兵匆匆进来，呼喊班超。）

大：好的，那希望班兄早一天与家人团聚，共饮庆功酒。今天采访到此结束，谢谢班兄，谢谢大家。

广告铺

寻求向导一名

现在西域已经归附我国了，听说那里物产丰富，富有异域风情，我们想去那里旅游。但是，由于我从未去过西域，所以，我想在临行前，找一个熟悉路途的年轻人来做向导。有诚意有经验的年轻人赶紧来报名吧，我们就在这几天出发！

湘南驴友团

匈奴人呼雅斜的公开声明

匈奴的兄弟姐妹们，我叫呼雅斜，以前是右贤王统治下的牧民。前不久，我归附了汉朝，得到了食物和住所，过得还不错。

如今，我和几千名匈奴人聚居在汉朝的边郡，畜养了大量的牛羊。我本人还在地方官的准许下，开了一家客栈，经营异域风味的食物和为来往的行人提供住宿。

作为匈奴同胞，我深深地了解大家在恶劣的气候下，以及在连年不断的内战中所遭受的痛苦和不幸。如果你们愿意过来，我可以为你们提供食物和住宿，并带你们去见见和善的地方官。对于贫困的同胞和孤儿寡母，一概不收取费用。

匈奴人呼雅斜

智者第❸关

1. "犯强汉者,虽远必诛"这句话是谁说的?
2. 昭君嫁给了哪一位匈奴单于?
3. 王莽哪一年取代了汉朝,自立为帝?
4. 王莽的改革为什么会失败?
5. 水碓是用来做什么用的?
6. 刘秀在哪场战争中一战成名?
7. 新朝末年,樊崇带领的起义军为什么叫做"赤眉军"?
8. 绿林军拥立的皇帝是谁?
9. 刘秀于哪一年建立东汉王朝?
10. "仕宦当作执金吾,娶妻当得阴丽华"这句话是谁说的?
11. 水排是谁发明的?
12. 汉明帝时期,是谁治理好了黄河水患?
13. "投笔从戎"这个典故说的是谁?
14. 班固写的一本著名的史书叫什么?
15. 东汉时期,提出"皇帝并不是上天的儿子"的观点的是什么书?

智者无敌 王者为大

第❿期

〖公元 88 年—公元 159 年〗

外戚宦官
轮流专政

穿越必读　从汉和帝开始，即位的皇帝几乎都很年幼，最小的才出生一百多天，大权就落在了太后手中，太后又把大权交到娘家人手里，慢慢地，外戚势力就控制了整个朝政。

皇帝长大后，不甘心被摆布，只好依靠宦官的力量，扑灭外戚的势力。这样，大权又转到了宦官的手里。两大集团你争我夺，轮流控制朝政，东汉王朝每况愈下。

烽火快报

窦宪大破北匈奴
——来自燕然山的加密快报

公元89年，车骑将军窦宪率领一万多名精兵，与北匈奴在漠北稽落山激战了一场。匈奴兵被打得落花流水，就连单于也落荒而逃。

窦宪乘胜追击，斩杀匈奴将士一万三千多人，俘获牛马牲畜百万余头。匈奴其他部落一听，吓得纷纷前来投降，陆陆续续竟降了二十多万人。

打了个大胜仗后，窦宪非常得意，把这次事件刻在了燕然山的一块石头上。

远在京城的汉和帝知道后，龙颜大悦，准备封窦宪做大将军，权位超过三公。所有人都认为，窦宪完全应该得到这份嘉奖。因为，他这次可是一举击败匈奴，降服二十多万匈奴人啊。这样的功劳只有前朝的卫青和霍去病才比得上！

其中，最高兴的当然是窦太后，因为她一直希望哥哥窦宪建功立业，稳固他们窦家的权势。

来自燕然山的加密快报！

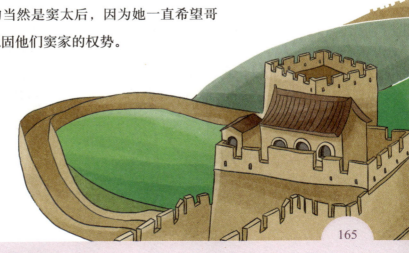

天下风云

联合宦官杀将军，小皇帝真聪明

这一年是公元92年，这时的汉和帝已经从一个懵懵懂懂的孩子，长成了一个14岁的少年。懂事之后的汉和帝，面对窦家人的骄横，越来越看不顺眼。

自从汉章帝死后，窦宪和窦太后兄妹就掌握了朝廷大权。他们代替皇帝下达诏书，到处安插亲信和眼线，控制官员的升迁任免。特别是窦宪和他的两个弟弟，风头就快要盖过皇帝了。更令人咋舌的是，有官员竟然开始叫窦宪"万岁"。还有人说，窦宪正准备废掉和帝，自己取而代之。

和帝听到这些事情后，既愤怒又恐惧，与其等着被人废掉，还不如先发制人，拯救自己的命运。

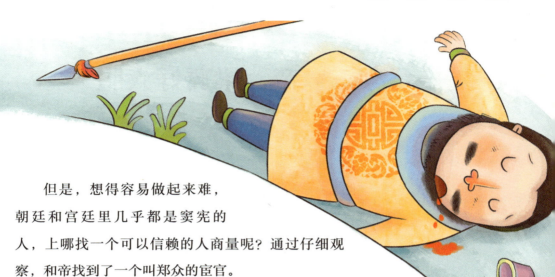

但是，想得容易做起来难，朝廷和宫廷里几乎都是窦宪的人，上哪找一个可以信赖的人商量呢？通过仔细观察，和帝找到了一个叫郑众的宦官。

和帝通过郑众，秘密联系了洛阳城里几个忠心的大臣，然后给远在凉州带兵的窦宪发了一道诏书，说是请他回来辅政。

窦宪没有起疑心，立刻赶了回来。他还想着正好趁机探探和帝的口风呢。

窦宪刚刚进城，城门就关闭了。等他发现不对劲的时候，他已经被涌上来的一群士兵团团围住。接着，汉和帝宣布免除窦宪的所有官职，勒令他回到自己的封地。窦宪只好愁眉苦脸地回去了。

可是和帝并没有打算就这样放过他，很快，他就派人逼迫窦宪自杀了。同时被迫自杀的还有窦宪的几个兄弟，就连窦太后也被软禁了起来。

年少聪慧的和帝在宦官的帮助下，在短短几天时间里，就一举铲除掉了窦氏集团，开始了自己的亲政生涯，实在是后生可畏啊。

毒杀皇帝，梁冀好大胆

窦氏一族被清除了，汉和帝的另一个苦恼又来了。郑众那一帮宦官，仗着自己帮皇帝夺回权力的功劳，竟也大摇大摆地干涉起政事来。皇帝虽然聪明，可毕竟年少，怎么能斗得过那些诡计多端的成年人呢？所以，小皇帝又要依靠外戚的力量，从宦官手里夺权。

这么一来一回，此后的几十年里，宦官和外戚就一直交替着掌握朝中大权。

公元132年，大臣梁商的女儿被汉顺帝立为皇后，从那以后，梁商就一步步掌握了朝政大权。他和儿子梁冀相继做了汉朝的大将军。梁冀这人十分骄横，甚至在朝廷里公开勒索，完全不把皇帝放在眼里。

公元145年，汉冲帝死后，梁冀在刘家随便找了个8岁的小孩当皇帝，也就是汉质帝。汉质帝年纪虽然小，但与之前的汉和帝一样聪明伶俐。

有一次上朝，汉质帝因为看不惯梁冀的所作所为，就当着满朝文武大臣的面，指着梁冀说："这个人真跋扈！"

所有官员无不震惊，梁冀自己也吃了一惊。他想：小娃娃才8岁就这么聪明了，长大了还得了？于是退朝后，他就开始盘算着怎么除掉这个小皇帝。

最后，梁冀派了自己的心腹，在汉质帝的吃食里下了剧毒。汉质帝吃后，在地上滚了几滚，就死掉了。这距离他即位还不到一年。

给洛阳商人孙奋的一封信

编辑老师：

你们好！

我是孙奋，洛阳的一个小商人。前不久大将军梁冀向我张口，说是要借五千万钱。堂堂大将军，哪犯得着找我一个小老百姓借钱啊。我明知大将军是想讹诈，却没有办法拒绝。可我哪里有五千万钱呢，就算倾家荡产，我也无法满足他的要求。

后来，我凑足了三千万钱给大将军。他很生气，说我欺骗他，隐瞒了自己真正财产的数目。我很害怕，因为我知道大将军的怒火意味着什么。情况紧急，我只好写信给人才济济的贵报社，希望你们速速回信，给我出个主意。

洛阳商人孙奋

孙奋兄：

你好！

我们对你的遭遇十分同情，但我们也没什么好办法。如今梁冀一手遮天，连皇上都怕他三分啊。

不过，我们有些怀疑，你真的像信中说的那样，就算倾家荡产也凑不齐五千万钱吗？据说，你可是位家财万贯的大富豪啊。最后，我们想送你一句话：性命远比金钱重要。

报社编辑

（几天后有消息传来，孙奋惨死在梁冀手中。他价值一亿七千万钱的家产，也被梁冀"充公"了。）

五个宦官灭梁冀

梁冀毒死汉质帝后,他又从皇族里挑选了一个叫刘志的15岁少年做皇帝,也就是汉桓帝。汉桓帝惧怕梁冀,处处都由着他,朝政完全落到了梁冀的手中,他更加为所欲为了。

梁冀霸占了洛阳的民田,建自己的私人花园。因为他爱养兔子,还在兔子身上烙上记号,要是谁伤害了这些兔子,就会被判死罪。有一次竟然株连十多个人丢了性命。

他还派人去调查有钱的人,给人家随便扣个罪名,罚人家交钱赎罪,不交就判死罪。

在他的家族中,有七个封侯,三个做皇后,两个做大将军,六个做贵人。一时间,大家都争着抢着去巴结和投靠他,以致后来什么国家政策没有梁冀的批准,就无法通过。

原本软弱的桓帝实在忍无可忍,就联合几个宦官,在一个深夜,调动皇宫中的羽林军迅速控制了洛阳城,逮捕了梁冀所有的同党。梁冀见大势已去,就在家中吞药自杀了。

梁冀集团倒了台,老百姓高兴得不得了。那几个宦官因为立了大功,都被封了侯。汉朝的大权,从此又落到宦官手中了。

蔡伦改进造纸术

最近，各大市集都在出售一种全新的纸。人们将这种纸称作"蔡侯纸"，因为它是一个叫蔡伦的人发明出来的。

据蔡伦自己透露，他是受到养蚕人的启发，才发明了这种纸的。养蚕人缫丝漂絮后，竹席上留下的一层薄丝揭下来可以写字。蔡伦看到后，就收集破布、废麻、树皮等原料，然后通过浸、煮、捣等方法，将它们弄成浆，再把这些浆均匀地刮在一张平整的桌面上。风干后，这些浆就成了纸。

在这之前，人们是把字记在竹片和木片上的，简称"简牍（dú）"（狭长的称为"简"，略宽的称为"牍"），虽然材料很容易找到，但一片简上只能刻几个字，写篇文章，要用很多简，实在是太笨重了。还有的书是用丝绸做的，虽然适合书写，但价格实在太贵了，普通老百姓根本用不起。

现在蔡伦发明的这种纸，不仅价格低廉，制造方便，而且更轻便，更柔韧，所以受到了人们热烈欢迎。

相信不久之后，它就会取代简牍和丝帛，成为主要的书写材料。

新闻广场

班昭：有史以来第一个编写史书的女性

继《史记》之后，又有一本史学名著——《汉书》新鲜出炉了。不过，让人想不到的是，这本书的作者之一竟然是一个女子，这也是有史以来第一个编写史书的女性，她就是班昭。

班昭出身于书香门第，父亲班彪和其中一个哥哥班固都是著名的学者，而另一个哥哥就是出使西域立了大功的班超。

班彪文采非凡，收集了很多前朝的资料，一心想写《汉书》，只可惜未完成就去世了。而班固继承父亲的遗志，花了20多年续写，也是没有来得及完成，就被窦宪一案牵连，下狱而死。

班昭忍受着家人惨死的悲痛，经过多年努力，终于完成了《汉书》。可以说，这本书是班氏一家两代人的心血，所以现在也有人把《汉书》叫做班史。

看了这本书的人都说，与哥哥班固相比，班昭所写的部分毫不逊色。就连皇帝看了，也大加赞赏，还下诏令班昭进宫，让皇后和贵妃跟她学习，并尊她为"大家（读gū）"。这可是汉朝人们对妇女最尊贵的称呼呢！

地动仪：
世界上第一台测定地震的仪器

公元132年，著名天文学家张衡造出了一个非常了不起的玩意，叫做地动仪。这个地动仪周围镶着八条龙，代表着八个方向。每条龙的嘴里都含着一颗小铜球，下面还蹲着一个张大嘴巴的铜蛤蟆。据张衡自己说，只要哪个方向发生地震，那个方向的龙就会吐出嘴里的小铜球，落进蛤蟆嘴里。

本来很多人都不相信张衡，觉得他在吹牛，地动仪只不过是个骗人的玩意罢了。但是，公元138年，西北方向的龙忽然吐出了小铜球。过了几天，就有快马来报，说是陇西一带发生了大地震，死伤无数。人们这才对张衡心服口服。这之前，从来没有人用仪器就可以观测到地震的。

而除此之外，张衡还发明了一种仪器，叫做"浑天仪"，上面有南北两极、赤道、黄道、二十四节气，还刻着日月星辰等各种天文现象。什么星从东方升起，什么星向西落下，都能在这个"浑天仪"上看得清清楚楚。

可惜这时候，朝廷里外戚和宦官正忙着夺权，张衡的科学才能根本得不到认可。一些宦官还拼命排挤他，把他调出京城，到外地去做官。这位伟大的科学家，61岁那年，病死在了一个叫做河间的地方。

八卦驿站

甘英：出国最远的人

奉西域都护班超的命令，出使西方大秦国（罗马帝国）的甘英回来了。不过他却是无功而返，这是为什么呢？

据甘英的随从发来的消息，公元97年，甘英接受任务后，就带着一队人骑着骆驼，穿过沙漠，又翻过大山，来到了西海（今波斯湾）这个陌生的地方。一问才知，这个地方叫安息国。

安息人告诉甘英，去大秦国只能走海路，如果不顺风的话，花个两三年也到不了对岸，而且在茫茫大海上，经常有船毁人亡的事故发生。甘英听了，思考了很久，就带着人马返回了。

不久，又有消息传来说，这些安息人其实是在骗甘英呢。他们故意不将另一条快捷的线路告诉甘英，就是怕汉朝和大秦国建立外交关系后，会直接进行丝绸贸易。这样，在中间周转的安息人就赚不到钱了。

人们不禁为甘英惋惜呀。没有安息人搅和的话，甘英说不定早就到达大秦国，完成这趟差事了。不过，就算这样，甘英说自己已经很满足，因为他已经是出国最远的人了。

跨省追捕，梁冀可能是个迫害狂

梁冀还活着的那会儿，有一个姓袁的朝廷小官，因为看不惯他的嚣张专横，一时热血沸腾，给桓帝写了封信。信里说，应该让"劳苦功高"、人们"敬爱"的梁冀大将军回家抱孙子，安享晚年。

梁冀听说后火冒三丈，他心想：话说得好听！你这不是要皇帝革我的职吗？所以，他立即下令要把袁某抓起来。袁某也知道自己得罪了梁冀，匆忙逃走。为了防止被害，他在途中不断改换姓名。

虽然袁某在逃亡途中昼伏夜出，比做贼还小心，但仍被梁冀追得连喘气儿的工夫都没有。于是，他想了个办法，回到家乡，让家人、朋友对外宣称自己病死了，并且还像模像样地下棺落了葬。

但梁冀还是派人把袁某揪了出来，最后被乱棒打死了。

人们听说了这件事后，无不心惊胆战，觉得梁冀这个人比魔鬼还可怕！而且打死人家还不解恨，连他的朋友也被统统抓起来杀掉了。所以，大家怀疑梁冀是否患有严重的迫害症？否则，怎么这么喜欢折磨人、杀人呢？

名人有约

特约嘉宾：**梁冀**

身份：大将军

大：大嘴记者　　梁：梁冀

大：您好，梁大将军。作为拥立了三位皇帝和富可敌国的权臣，我们想向您了解下您的做官心得。

梁：没问题。不知你小子要我从哪说起呢？

大：作为前任大将军梁商的儿子，您父亲是不是一直都将您当作接班人来培养呢？

梁：那还用说。

大：听说您父亲的一个部下，有一次在您父亲面前说了您的坏话，结果您把他……

梁：我派我最好的刺客把他杀了！哼，也不看看我是谁！

大：后来您顶替您父亲，成了手握重权的大将军。听说，您当时还是比较尊重知识分子的。

梁：那是。大将军不能只靠军队治理国家。

大：但还是有个叫崔琦的人一直讽刺您，而且在全国造成了很大影响。

梁：崔琦？这个家伙！我找到他之后，曾当面质问他，满朝这么多官员，你不去说别人，为什么总是说我！你有这么恨我吗？！他竟回答说，正因为我是大将军，位高权重，但所做的事情却一点儿也不像个臣子

名人有约

应该做的,所以他感到愤怒。他还劝我当什么周公伊尹,尽心尽力辅佐皇帝,这不是废话嘛!

大:他的话不对吗?

梁:当周公伊尹?笑话!那不是一辈子给别人做牛做马吗?只有傻瓜才会学他。

大:所以……

梁:所以,哼哼,我派人把那个满嘴胡说八道的家伙给杀了!

大:您动不动就杀人,就不怕引起全天下人的愤怒吗?

梁:有什么好怕的!天下人的命运都掌控在我手里。我要谁死,谁就得死,我要谁活,谁就能活!

大:那如果皇帝要找人对付您呢?

梁:他还能找谁?谁有这个胆子?谁敢这么做我就杀了谁!我就杀了他全家!嗯?你敢?

大:……

梁:哈哈哈哈!

大:但您现在很显然已经引起皇帝的不安了,我看这样下去可不是长久的办法。大将军您还是让皇帝亲政吧……

梁(**大怒**):你说什么?来人啊,把他拖下去……

大(**赶紧撤**):今天的访问到此结束,谢谢大家!

广 告 铺

祈神公告

近年来，我们洛阳一带总是接二连三地发生地震，人畜死伤无数，到处都是倒塌的房屋和城墙，不知是不是因为得罪了哪路天神，最近我们打算去五台山祈祷，祈求上天保佑大家平平安安。有愿意跟我们一起去的人，请提前来我处报名。

临时祈神公会

还田诏书

奸臣梁冀自当道以来，无恶不作，现没收他的所有财产，共计三十多亿钱。那些被他强占后改为花园、兔苑的良田，将一一归还百姓，大家可以将花园、兔苑全部铲除，重新耕田种稻。田地的主人请速速到各地衙门登记领取。过期不候。

汉桓帝

求购蔡侯纸

听说蔡侯纸便宜又好用，我也想上街去买一些。谁知道，我找遍整个市集，居然没找到，店掌柜们都说没货！这卖得太快了吧？今天才开始出售的，这么快就被抢完了？

不知道长安城里谁家还有没用的蔡侯纸，可不可以转让一些给我啊？我可以出双倍价钱，如果可以的话，请立即联系我吧。谢谢！

长安某书生

第11期

〖公元159年—公元189年〗

党锢之祸与黄巾起义

穿越必读 ▶

宦官当政，政治腐败，再加上天灾不断，人们连最起码的生活都无法维持，于是纷纷举起了起义的旗帜。虽然起义差不多都被镇压了，但还是有起义军不断涌现。黄巾起义后，东汉陷入异常混乱的局面。

CHUANYUE BIDU

快哉！李膺杀了大宦官的弟弟
——来自洛阳的加密快报

最近，司隶校尉李膺做了件大快人心的事儿。他秉公执法，处死了宦官张让的弟弟——大贪官张朔。

张朔原本在野王县做县令，他仗着哥哥张让在朝中有权有势，在野王县为所欲为，不仅贪污了一笔巨款，还公然敲诈勒索。

李膺知道这件事后，就派人去抓张朔。张朔听到这个消息，急急忙忙跑回京城，躲到了哥哥的家中，想让他知难而退。

哪知李膺毫不畏惧，甚至还亲自带人闯入张让府中，把张朔带走了。

张让知道这件事后，对李膺恨之入骨，就向汉桓帝告了一状。但汉桓帝弄清整个事情的来龙去脉后，不仅没有为难李膺，还夸他做得好。

从那以后，所有的宦官走路都不敢直起腰板，说话也不敢大声，放假的时候也不敢到处去玩耍了。

桓帝觉得奇怪，就问他们怎么了？宦官都回答说："怕李校尉"

由此可见，这次李膺斩杀张朔，极大地打击了宦官的嚣张气焰。不过，也有人担心，李膺这次打草惊蛇，这些宦官肯定对李膺等人怀恨在心。只怕时机一到，这些人都得遭殃。

来自洛阳的加密快报！

党锢之祸，忠良惨遭残害

公元166年，有个叫张成的方士，从宦官那里得到消息，说过几天朝廷要大赦天下。张成回去就跟人吹嘘，预计几天内皇帝要下诏书大赦天下。有人不信，他就跟人家打赌，还叫儿子去杀人，李膺立刻将张成的儿子抓起来了。

没几天，大赦令果然下来了。张成得意扬扬地说："哈哈，我早就知道朝廷要下赦令，李膺不敢把我儿子怎么样。"

这话传到李膺耳里，李膺大怒："张成早就知道朝廷要大赦，还派儿子去杀人，更不能赦免！"说完，就把张成的儿子处死了。

张成气坏了，马上和宦官们勾结起来，向汉桓帝告了一状，说李膺收买太学生，拉帮结党，诽谤朝政，还附上了一份"党人"名单。

汉桓帝大怒，立即把李膺投进监狱，还下令逮捕"党人"。

很快，凡是跟"党人"有牵连的人，统统被抓了起来，有的地方甚至被抓了几百人。宦官们在狱中对他们不断严刑逼供，让他们供出自己的同党，好一网打尽。

最后，李膺招供说，不少宦官子弟都是他的同党。宦官害怕了，加上太尉陈蕃和外戚窦武极力上书求情，就顺水推舟，建议皇帝把"党人"全部给放了，但不许留在京城，一律遣回老家，而且规定这些人一辈子都不能做官（史称"党锢之祸"）。

第二次党锢之祸，陈蕃血溅洛阳

离上次党锢之祸才短短4年时间，宦官集团就又动手血洗了党人集团和外戚集团，将一批爱国忠良尽数杀害！这到底是怎么回事呢？

原来，汉桓帝死后，汉灵帝继位。灵帝是个昏庸的皇帝，整天不思进取，把国家大事交给了身边的宦官。这些宦官都任职中常侍，因此也叫做"十常侍"，他们个个心狠手辣，无恶不作。

自上次党锢之祸后，陈蕃一直想找个机会消灭宦官集团。大将军窦武作为辅政大臣，也不满宦官专权，重新起用了一批被禁止做官的"党人"。对于宦官这事，两人一拍即合，一起秘密拟定了除贼计划。

谁知，这个计划被宦官发现了。公元168年，宦官们以汉灵帝的名义调遣军队，将陈蕃杀害，窦武也在绝望中被逼自杀了。

一天之内，宦官集团血洗了以陈蕃为首的党人集团和以窦武为首的外戚集团，举国上下，一片震惊。

宦官们还不罢休，第二年，山阳郡督张俭向朝廷告发宦官侯览的亲属仗势欺人，横行乡里。侯览恼羞成怒，诬告张俭结党营私，汉灵帝下令缉捕"党人"。这一次，"党人"共死了一百多人，受牵连的达六七百人。"党人"的门生、亲戚、朋友都被禁锢，只有张俭躲过了这次追捕，逃去了塞外。

这两次事件，不但让读书人胆战心惊，也让人们感觉到，大汉的天下已经岌岌可危了！

陷害忠良，都是我的错

编辑老师：

　　我是张奂，我最近刚从边境调到洛阳来，不明白洛阳城里的各种政治斗争，更不清楚朝中大臣谁忠谁奸。所以，前几日，当我接到宦官曹节的诏书时，真以为陈蕃和窦武谋反了，便带兵围捕大将军窦武，迫使他自杀了。

　　这几天里，宦官集团到处捕杀朝中官吏，我终于看清楚了这帮宦官的真实面目，他们才是最大的奸贼！而我，竟然帮助他们杀害了朝中忠良，我真该死啊！

　　我很想补救自己的过错，请告诉我，我该怎么做呢？

张奂

张奂：

　　你好！

　　所谓"不知者不罪"，这事也不能全怪你。你能给我们写这封信，我们相信你秉性忠良。可现在凭你的力量，也不能将宦官怎么样。你能做的就是尽量提醒皇上，让他明白自己一直被宦官蒙蔽了。

报社编辑

　　（后来张奂在朝中屡屡得罪宦官，最后终于被免官，回到家乡讲诵儒经，直到病逝。）

苍天已死，黄巾起义

公元184年，一位叫张角的河北农民，带着他的两个弟弟，煽动几十万农民在河北巨鹿发动了起义。

很快，全国大部分地方，涌现出无数的农民军队，响应张角的起义军。他们额头上包裹黄巾，自称黄巾军。张角自封为"天公将军"，他的二弟为"地公将军"，三弟为"人公将军"。他们一路高呼"苍天已死，黄天当立"的口号，浩浩荡荡向洛阳开来，朝廷聚天下精兵抵抗起义军，各路地主豪强也纷纷加入战斗，趁机扩张自己的地盘。

一个普通的农民，怎么有能力在起义的当天，就煽动几十万人一起造反呢？这个张角究竟是个什么人呢？

原来，这个张角在民间谋划起义已经有10年之久了！他创办了一个叫"太平道"的教派，为百姓免费治病，收买人心，然后趁机拉人入教。在起事之前，他们"太平道"已有四十多万信徒。张角把四十多万人划分为36方，多的每方有一万人，少的有六七千人。

他们原本打算在公元184年3月5日起义，但因为中途被人告密，不得不提前举事，仓促之间，伤亡惨重。

但是即便如此，勇猛无比的黄巾军还是攻下了数不清的城池，占领了数不清的地盘。他们一路气势如虹，行军速度也是相当快。

看着这支如狼似虎的起义军，人们真为现在摇摇欲坠的大汉王朝忧心不已！

黄巾军：哪怕失败，也要继续战斗！

黄巾军起义不到十天，全国各地的起义军纷纷响应。起义军打进官衙，狠狠地教训了黑心的官吏，大开官府粮仓，还将大牢里的囚犯放了出来。

汉灵帝慌了神，派出大队人马镇压，可是到处都是黄巾军的身影，哪里镇压得下来。没办法，汉灵帝只好号召各地自己招募兵马，协助朝廷镇压起义军。

这下可好了，那些贵族、地主现在只要打着镇压黄巾军的名号，就可以名正言顺地招兵买马，抢夺地盘了。本来就已经摇摇欲坠的大汉朝，哪还经得起这番折腾，眼看就要四分五裂了。

再说黄巾军，虽然他们人数众多，可是缺乏战斗经验，各个队伍之间又不懂得协调合作，总是自己人打自己人。再加上地方军队残酷镇压，起义军首领张角又病死了，在苦苦支撑了9个月后，被汉兵分别击破，轰轰烈烈的黄巾军起义失败，十多万黄巾军官兵被残忍杀害。

但是，英勇的黄巾军已经在人们心中留下了深刻的印象，人们都相信，汉朝已经垂垂老朽，在此后很长的一段时间里，黄巾军仍将与汉朝继续对抗！

起义，起义！

一屋不扫，何以扫天下

自陈蕃英勇捐躯后，有传言说，陈蕃年少在家乡读书时，从来不打扫屋子！消息一传开，立刻就成了全国的热门话题。大家都说，没想到陈太傅年少时这么不讲卫生，长大了竟还能做这么大的官？

陈蕃的同乡人听了，赶紧出来解释说，事情的真相不是这样的。

原来，陈蕃15岁的时候，读书非常用功，但他从来不打扫自己的房间，房间里面总是脏乱不堪。

有一次，他父亲的一位朋友来访，就对陈蕃说："你这孩子，为什么不清扫房间呢？"

陈蕃回答说："大丈夫在世，要扫除的是天下的污秽，而不是一间小小的屋子。"

父亲的朋友听了，笑着说："一屋不扫，何以扫天下？"意思是，一间屋子都懒得打扫的人，凭什么去扫除天下的污秽？

陈蕃听了，恍然大悟，要做大事，就必须从小事做起。从此，无论是房间还是庭院，他都打扫得干干净净。

人们只听了故事的前半段，传来传去，就变了味，传成他不讲个人卫生了。

八卦驿站

张俭逃窜，造成人口剧减

据记者从宦官们那里得到的消息，大通缉犯、"党人"张俭从雁门关出境，一路逃入鲜卑人的地盘。他所经过的地方，没有一个地方是不死人的。

这是怎么回事？难道张俭是个扫把星？还是他一路逃跑，一路杀人？其实都不是，这是宦官们散播的谣言。虽然"党人"是朝廷的头号通缉犯，但老百姓却是"党人"的拥护者。张俭每逃到一个地方，那个地方的人都争着收留他，帮他逃脱。

宦官的爪牙们抓不住张俭，并发现是百姓有意窝藏，恼怒不已，就把这些百姓全家处死。结果，这就造成了张俭所经过的地方，人口凋零，郡县残破。尽管这样，老百姓仍然热心地帮张俭躲藏。

看来，正义的力量是强大的。面对宦官们的如此残暴和疯狂的迫害，老百姓宁可自己死，也要保护"党人"。当宦官们变本加厉地残害老百姓时，百姓们怒了，有的落草为寇，有的参加了黄巾起义军。

人们都说，看来，这个天下真的要改朝换代了！

名人有约

身份：汉灵帝

大：大嘴记者　**刘**：刘宏

大：灵帝你好，听说，你是有史以来最爱财的皇帝，真是这样吗？

刘（慢条斯理地）：谁告诉你的？

大：呃，这事儿天下人都知道了，就连外国人也知道了。听说，以前外国使者向汉朝进贡礼品时，贡品都要经过审核，才送到皇上手中。皇上抽取部分提成后，再送进国库。可是您却等不及了，省略了审核的环节，直接叫人将贡品送到了皇宫。

刘：我这不是简化了流程，节约了成本吗？

大：呃，算是吧。后来，你又说要扩建皇宫，将农业税提高了，每亩地多收十钱。全国共千万亩田地，加起来就是数亿钱啊。

刘：数亿钱而已，算不了什么。

大（咋舌）：这还嫌少啊。接着，你又说皇宫里缺木头，让每个地方官送大量的木头到皇宫来。可是木头送来后，你又说全部不合格，让地方官以原价十分之一的价格卖给中央。可是一转头，你又将这些木头以市价卖了出去，狠赚了一笔啊。

刘：不够不够，这哪够啊。

名人有约

大：大家眼巴巴地等了几年，没见你建皇宫，倒见你拿着那些钱做起了房地产生意，利用自己的行政优势，又狠赚了一笔。

刘：也就一点点啦，卖房子能挣几个钱。

大：那卖什么挣钱呢？

刘（小声地）：卖乌纱帽才赚钱呀！

大（惊叫）：卖乌纱帽！那不是卖官吗！

刘：对呀，我告诉你，一顶乌纱帽可比一套房子值钱多了，而且还是不要本钱的买卖哦。

大：那目前市场上有哪些乌纱帽出售呢？

刘：除了皇帝的位置，其他的官职都卖。官小的便宜些，官大的就贵点。货到付款，童叟无欺。

大：那要是几个人看上了同一个官位怎么办？

刘：那就拍卖呗，谁出的钱多就归谁。

大：皇上，你果然很有经商的头脑啊。

刘：那当然。

大：你要是将自己一半的头脑用到政治上来就好了。

刘：政治？政治又不能赚钱。好了，我要去赚钱了，再见。

大：好吧，那今天的采访就到这里了，谢谢皇上的参与，我们下期再见。

百姓茶馆

李庄阿三

以前我们那里有户人家，穷得实在是过不下去了，家里的男人就上吊自杀了。被人发现时，那人全身都已经僵硬了，呼吸也没了。家里人都以为他死了，围着他号啕大哭。

这时，一个大夫路过，说这人还没死呢，叫人拿来一床棉被为他保暖，然后用手在那人的肚子上挤压了几下，嘿，那人竟然活过来了。听说，这个大夫叫什么……张……仲景，医术很是了得呢。

张庄小七

阿三说的那个大夫我见过，就是鼎鼎大名的"医圣"张仲景嘛。他不仅医术高超，还写了一本很了不起的医书——《伤寒杂病论》，里面记录了很多有效的治病方子。不过，这本书还只是完成了初稿，不知道什么时候才有得卖，到时候我一定要去买一本。

陕西某百姓

今天，我听人们说，"十常侍"之一的毕岚发明了一种灌溉农具，为百姓们造福了。我可真没想到，"十常侍"也会为老百姓着想啊。听说，这个灌溉农具叫做翻车。它可以连续不断地从河里取水，灌溉农田。而且，它搬运方便，可以随人们的意愿把水浇到需要的地方。这可真是个好农具啊！

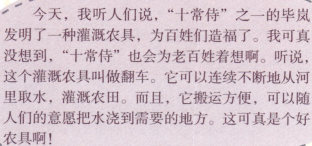

广告铺

卖官公告

由于最近人才凋零,朝廷很多官职都空缺无人。现在面向广大群众出售这些官职,价高者得。

1. 太尉,6000 两白银。
2. 御史大夫,4000 两白银。
3. 各类将军,3000 两白银。
4. 太守,2000 两白银。
5. 执金吾,1000 两白银。

其余还有很多大小官职,就不一一细列了,有意者请来详细咨询。

朝廷

一个大夫的劝告书

最近一段时间,我看到很多巫婆、神汉自称能降妖除魔,拿一些符水来给人治病,结果耽误了病人的治疗不说,还导致病人病情恶化,甚至死亡。

我希望天下的百姓能擦亮眼睛,不要再被这些装神弄鬼、骗取钱财的人骗了。被骗了钱财事小,可要被骗取了性命就划不来了,生病了要及早找大夫治疗,远离害人的巫婆和神汉。

名医张仲景

第12期

〖公元189年—公元220年〗

混乱的东汉末年

穿越必读 ▶

　　黄巾起义被镇压后，外戚、宦官失势，地方割据势力趁机登场，东汉最后一个皇帝成为曹操的一个傀儡，最终被迫让位。东汉从此灭亡。

洛阳大乱，董卓进京
——来自洛阳的加密快报

公元189年，洛阳城乱得一塌糊涂，那到底乱到什么地步呢？

原来，汉灵帝死后，皇子刘辩即位，他还是十分重用"十常侍"。因为刘辩年纪小，所以由国舅何进掌权。何进早就对"十常侍"的恶行看不过眼，便打算召董卓的西凉兵进京，结果计划被"十常侍"知道了。"十常侍"抢先动手，把何进骗进皇宫杀死了。

何进的部下袁绍听说国舅遇难了，带着士兵冲进宫里，杀了所有宦官，洛阳城里顿时血流成河。

惶恐不安的人们不敢出门，整天把自己关在家里，希望董卓的西凉军快快到来，赶紧控制住这个局面。

然而，等到董卓带着西凉军进京后，人们才知道，这个人比宦官更加残暴，不但自己杀人如麻，而且纵容士兵在城里烧杀抢掠。

人们恨不得杀了他，但谁都拿他没办法，因为他有一支实力强大的西凉军，还有一个武艺天下第一的义子——吕布，整天形影不离地保护着他。

杀了狼，来了虎，百姓们看似又要陷入一场万劫不复的深渊中了！

来自洛阳的加密快报！

各怀鬼胎，
十八路人马打不过一个董卓

董卓带兵进入洛阳城后，马上控制了整个大汉朝廷。袁绍实力强大，不肯为他效劳，带兵离开了洛阳。

董卓先是废掉了刘辩，改立刘协为帝，也就是汉献帝，然后又杀掉了刘辩和他的母亲，以及所有指责他的人。最后，目空一切的董卓索性住进皇宫，享受皇帝才能享受的一切。

公元190年的一天，洛阳城里出现了很多檄文。原来是袁绍领着来自全国各地的十八路盟军，高喊着"诛杀董卓，挽救汉室"的口号，前来讨伐董卓了。

董卓一听慌了，一把火烧了整个洛阳城，逼着汉献帝和大臣们逃到了长安。

盟军中有一支军队的首领叫曹操。他是讨伐董卓的将领中最积极的一个。正当曹操指望盟军一鼓作气，消灭祸国殃民的董卓时，这些来自各地的首领却犹豫了。

原来，他们都想保存自己的实力，不愿打董卓。曹操很生气，就带着自己的军队独自去追击董卓，结果被打得大败，险些丢掉性命。

曹操回来时，看到盟军要么在抢劫快成为废墟的洛阳城，要么待在原地按兵不动，要么吵着要散伙回家。曹操这才醒悟，这十八路人马根本没打算要拯救皇帝，只是想趁机捞点好处，扩充他们自己的势力。现在好了，皇帝被董卓挟持走了，这些人就可以放手去抢夺地盘了。

没几个月，盟军一哄而散。群雄割据的时代开始了。

巧施离间计，王允除董卓

逃到长安后，有个叫王允的老臣一心想除掉逆贼董卓，却一直没有成功，最后决定从董卓的干儿子——吕布身上下手。

吕布虽然是董卓的义子，并且负责保护他，但实际上和董卓关系不是很好。王允隔三岔五就找吕布喝酒，吕布喝得醉醺醺的，再加上头脑简单，就把王允当知己，说董卓这人脾气太暴躁，动不动就朝自己发火。尤其是有一次，吕布一句话没说好，董卓抄起身边的戟就朝他扔去。要不是躲得快，吕布不被戳死也要被戳成重伤。

听了吕布满肚子的牢骚，王允心中大喜，趁机挑拨离间说："你姓吕，和董卓本来就不是亲父子，他当然不拿你当亲儿子看啦。如今董卓大逆不道，天下人人得而诛之，你还要认贼作父吗？"

见吕布有些被自己说动，王允又趁机说出了铲除董卓的计划。吕布咬咬牙，答应帮助王允除掉董卓。

公元192年，汉献帝大病初愈，大臣们都来到未央宫，恭贺皇帝身体康复。吕布带着一队人马，埋伏在宫门两边。

等到董卓大摇大摆地走到宫门口时，就有人拿着戟对准他的胸口刺过去。危急时刻，董卓像往常一样，急忙呼喊保镖加干儿子吕布。

可是吕布捧着一张圣旨走出来，高声道："我奉皇上命令，前来诛杀逆贼！"可怜董卓还没回过神来，就被乱刀砍死了。

天下第一猛将吕布之死

吕布成功刺杀董卓后,与王允共掌朝政。董卓的部下率军攻入京城,将吕布击败。

吕布战败后,先去投靠袁绍的弟弟袁术。但吕布平常为人太过骄横,又自恃有功,常不把旁人放在眼里,袁术拒绝了他。

后来,他又投奔袁绍,这次,袁绍倒是接纳了他,并且和他一起联手大破敌军。吕布自以为立了功,向袁绍要求多给点兵。袁绍不答应,又把他赶走了。

碰了几次壁后,最后徐州的刘备收留了他。不料吕布忘恩负义,把徐州给夺了,迫使刘

备不得不投奔曹操。曹操十分赏识刘备，与他一起联手对付吕布。

由于吕布有勇无谋，又生性多疑，而且见利忘义，所以到最后，军队上下离心，吕布被部下绑了送到曹操面前。

这时，他要求曹操给他松绑，曹操笑着说："捆绑老虎不得不紧。"

吕布又说："要是您能得到我，我给您作将军，您就可以统一天下了。"

曹操听了，有点儿心动，因为吕布武艺盖世无双，就算刘备的两员猛将张飞和关羽联手都打不过他呢！

这时，刘备在一旁说："您知道吕布是如何对待丁原（字建阳）、董卓的吗？"

原来，吕布的义父一开始不是董卓，而是大臣丁原。丁原仗着义子武艺高强，从来不把董卓放在眼里。董卓就用金银财宝去收买吕布。吕布见了钱，心里乐开了花，哪还管父子情义，立刻杀了丁原，还改认董卓为义父。

曹操听了，就在白门楼把吕布给吊死了。

我就是传说中的第一猛将！

青梅煮酒论英雄

曹操觉得刘备很有本事，挺器重他，进进出出也都带着他。但同时，曹操对刘备也不怎么放心。为了打消曹操的疑心，刘备就种了点菜，天天侍弄那菜园子。

一天，曹操找刘备喝酒。俩人就着青梅下酒，喝着聊着，气氛非常融洽。曹操拿起酒杯，问："刘备啊，你看这普天之下，有几个能称得上英雄呢？"

刘备觉得这个问题不好回答，就说："我也不知道。"

曹操笑着说："我看，这天底下的英雄，就只有你和我两个。"

刘备吓了一大跳，手一抖，筷子掉到桌子底下去了。刚好这时，天上一声惊雷响起。刘备一边捡筷子，一边说："这响雷可真厉害。"这才没被曹操看出破绽。

曹操走后，刘备认为必须赶快行动了。不然，以曹操多疑的性格，他迟早会抓住自己的把柄。不久，曹操派刘备去攻打袁绍的弟弟袁术，刘备趁这个机会，和关羽、张飞带着人马赶紧开溜。打败袁术后，刘备就不回去了。

曹操见刘备背叛了自己，气得暴跳如雷，但也没有办法，曹操现在的主要对手是袁绍，需要集中精力对付袁绍，只好暂时放过刘备，任他逃到荆州去了。

曹操迁都许昌，挟天子以令诸侯

公元196年的一天，正在许城的曹操得到消息：董卓死后，逃出西凉军魔掌的汉献帝现在洛阳附近。

曹操这些年通过努力，实力大大增强，但比起周围一些强大的诸侯来说，还是远远不够。他的一个谋士就建议，趁这个机会找到汉献帝，以后就可以代表朝廷号令天下诸侯了。

曹操觉得这个主意不错，就派人找到了汉献帝，以大臣朝见皇帝的礼节对待他，并派人送去大量食物。

可怜的汉献帝自从带领众人逃出长安回到洛阳后，没想到洛阳早被一把火烧成废墟了，只好在一个官员的老房子里窝着，其他的大臣连房子都没有，只能搭个草棚。因为没有粮食，大家只能挖野菜过日子，有的人过不惯这种日子，居然饿死了。

现在见曹操恭恭敬敬地对待自己，还以为自己遇上了大忠臣，就高兴地封赏了曹操和他的部将。

曹操趁机亲自跑到洛阳，对汉献帝说，现在的洛阳已经没法住人了，皇上最好迁都许城。汉献帝一听也对，就高高兴兴地跟着曹操去了许城。

但汉献帝万万没有想到，一到了许城，自己就成了傀儡。

从此，东汉政权名存实亡。

官渡之战，曹操大败袁绍

公元200年，袁绍觉得曹操对自己已经形成了很大的威胁，于是亲自带着10万大军，讨伐曹操。

到达黎阳（今河南省浚县）的时候，袁绍先派出大将颜良攻打白马。这时候曹操的军队正驻扎在官渡，一听白马被围了，就要亲自领兵去救。

谋士荀攸赶紧劝住他："袁绍有10万精兵，我们只有三四万人，硬拼是不行的。不如这样，我们派一部分人马去延津，将袁军的主力引到那里，然后再派一支轻骑兵去救白马，这样就容易多了。"

曹操一听连声叫好，他按荀攸的办法，一面派人去延津迷惑袁军，一面亲自带着轻骑兵救白马，果然轻轻松松就解了白马之围，并杀死了颜良。

袁绍明白自己上当后，气得暴跳如雷，下令全军追击正撤往官渡的曹操。他派出另一员大将文丑，让他带着五六千骑兵打先锋。

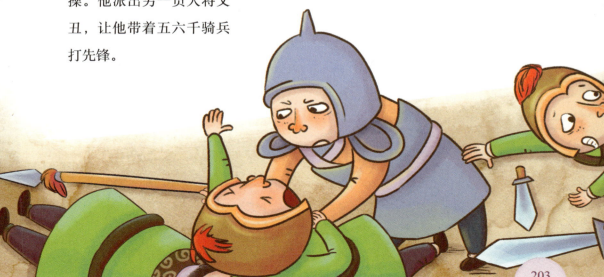

曹操不慌不忙，在路上埋伏了600名骑兵，然后把武器、盔甲丢得满地都是。文丑一看，以为曹军早就吓得逃跑了，非常得意，就叫士兵去捡地上的"战利品"。

这时候，埋伏在一旁曹军猛地杀过来，袁军又被打得落花流水。文丑还没回过神来，就被乱刀砍死了。

袁绍打了两场败仗，又损失了两员大将，急了眼，不顾属下阻拦，继续追赶曹操，一直追到了官渡。官渡易守难攻，袁绍多次派兵偷袭，都失败了。

双方在官渡对峙了一个月，眼见曹军就要弹尽粮绝，而袁绍的粮草却可以源源不断地运送过来。曹操觉得支撑不住了，就想退兵。

而这时袁绍的谋士许攸投奔曹操来了。许攸给他出了个妙计："现在袁绍的粮草、兵器都在乌巢，您只要派人将袁绍的粮草烧光，不出三天，袁绍必定会败。"

曹操大喜，立刻按照许攸说的，派人将袁绍的一万辆车粮草烧了个精光，然后趁机对袁军发动猛烈进攻，袁军果然大败。最后袁绍带着剩下的800名骑兵，仓皇地逃跑了。

两年后，袁绍病死了。曹操逐渐消灭了袁绍的残余势力，统一了北方。

给天子刘协的一封回信

编辑老师：

你们好！

我是当今皇上（汉献帝）。多年来，我一直被曹操玩弄于股掌之间。他才是真皇帝，我只是他的一个傀儡。

几年前，我让董贵人的父亲联系了一些忠心的大臣，希望能够趁曹操与袁绍作战时，夺回权力，结果被曹操发现。曹操处死了所有参与密谋的人，包括董贵人和她肚里的孩子。

前不久，伏皇后写信给她的父亲，企图铲除曹操这个奸臣。可事情又败露了。曹操将皇后关进冷宫，逼她上吊自杀了。为了斩草除根，他甚至将我和她生的两位皇子也毒死了。

我很痛苦，作为一个皇帝，我连自己的家人都保护不了，你们能给我提供什么建议吗？

大汉天子刘协

尊敬的陛下：

你好！

请你不要这么自责。所有一切，都是你所处的时代决定的。我们也没有什么办法能让你走出困境，只能给你一点儿建议：放弃夺权的想法，至少在目前是这样。毕竟，你身边几乎已经没有掌握实权的忠臣了。

继续冒险，只会使你白白失去身边的亲人。不管怎么说，皇位只是虚的，而身边的亲人才是最后能给你安慰的人。

报社编辑

百姓茶馆

昨天，华佗大夫被曹操杀害了。唉，真是可惜了。华佗老先生医术那么高明，只是因为不肯为曹操效力，就被杀了！这些手握重兵的奸臣们，真是一个比一个狠啊！他们简直就是想杀谁就杀谁！

我还记得去年华先生为我治病的时候，让我喝下一种叫做麻沸散的药，然后用烧红的刀子割开我的伤口，我居然一点儿也没感觉到疼。我还没好好感谢他啊！唉！

——茶馆客人甲

听说曹操在与韩遂、马超的西凉军作战时，被马超的军队杀得人仰马翻，溃不成军。马超差一点儿就抓住了曹操，但是，曹操这个奸臣太过狡猾，竟然割须弃袍给逃掉了。什么叫"割须弃袍"？就是在被追杀的时候，为了让别人认不出自己，将胡子割掉，袍子扔了。

——茶馆客人乙

我们将军袁绍是与曹操同时得到汉献帝消息的，但将军觉得，一个没有实权的皇帝并没有什么利用价值，迟迟没有行动，结果让曹操捡到这个便宜，事后真是追悔莫及啊。

——茶馆客人丙

曹操的头痛病是被骂好的？

官渡之战时，曹操率军刚到官渡，就收到袁军讨伐他的一篇檄文。

这篇檄文出自建安七子之一的陈琳之手。在文章中，陈琳从曹操的祖父骂起，极力嘲讽和抨击曹操，最后得出结论：曹操是古今第一贪婪凶残的大奸贼。

曹操本来喜欢好文章，听说陈琳发表了新文章，就来了兴趣，让人念给他听。结果听着听着冷汗直流：这小子果然句句都击中要害啊。听到最后一句，曹操头痛病发作，大叫一声，摔倒在地上。

大家慌忙去扶曹操，谁知曹操拍了拍身上的尘土，摸着自己的脑袋欣喜地说："果然是好文啊，这不，我的头痛病都好了。"大家一听，觉得太奇妙了，一篇文章也能医好丞相的病？

所有人都觉得难以置信。可大家仔细观察曹操，发现他面色正常，谈笑风生，一点儿都不像受病痛折磨的样子，于是就信了。

后来，官渡之战结束，曹操大获全胜。他抓到了陈琳，可并没有让人把陈琳杀掉泄愤，而是把他尊为上宾，还给他安排了份好工作。这样，曹操成功赢得了宽容和爱才的美名，天下贤才纷纷过来投奔他，为他统一天下的事业出谋划策。

名人有约

身份：大将军（后任丞相）

大：大嘴记者　曹：曹操

大：您好，阿瞒，欢迎您做客《名人有约》！
曹：你小子有胆，敢叫我小名！

大：那叫孟德（曹操的字）兄，听说您年轻时似乎是个好青年？
曹：那是。我20岁时，在京城洛阳负责管理治安。有个大宦官的叔叔犯了法，我就按律把他处死。那些贵族怕了我，就把我贬为了小县令。后来我因镇压黄巾军立了功，就被提升为济南相。不是我夸口，我去之前，济南到处都是贪官污吏，我一去，马上罢了八个贪官，其他人就再也不敢贪污了！

大：您真是太棒了！如果是太平盛世，您肯定是"治世之能臣"。
曹：唉，心有余而力不足啊。后来董卓那贼人把持朝政后，想让我给他做事，呸，我怎么会为他效劳了，所以我就逃了。

大：听说您在逃走的时候，把一个叫吕伯奢的人以及他的家人都杀死了？
曹：唉，这是个天大的误会啊，我当时逃了三天三夜，逃昏了头，听见他们屋里有人磨刀，就以为他们会把我当逃犯杀了。我就先下手为强，结果在厨房发现一头被绑着的猪。搞半天，他们是要杀猪啊！我也知道杀错人了，后悔也没有用啊。

大：您老人家动静是不是太大了点！

曹：这都是该死的董卓害的。为了除掉他，我把所有家产都卖了，招了五千多人，一起加入了袁绍的联盟大军。

大：乱臣贼子，确实当诛！

曹：唉，我本以为，挽救汉室是我们汉室子民的目标。谁知，这些地方军都只关心自己的利益，根本不值得一起干大事！

大：可后来是什么原因，使您不再继续为大汉效劳了呢？

曹：你还不明白？朝廷已经无可救药了。在这混乱的世界，所谓忠诚，那只是愚忠。只有靠自己手中强大的军队和实力，才能去推行自己的治国理念和政策。

大：所以，劫持汉献帝也是策略的需要？

曹：嗯，那怎么叫劫持呢？我那叫尊奉！身为大汉子民，我怎么能看我们的陛下在外面吃不饱，穿不暖呢？那大汉的颜面何在？我就是要"奉天子以令不臣"，让那些目无天子的人自食恶果！为什么那么多人都不理解我，还说我是乱世枭雄？

大：我相信这是您的敌人想抹黑您，故意歪曲您的形象。不过，您杀害汉献帝的两位妻子和她们家族里的所有人，这又怎么解释呢？

曹：我也是没有办法，是她们先对我下的手。一旦她们成功夺回权力，谁知道会不会重演以前外戚专政的局面？因此，为了自身的安全和大汉今后的安定，我毫不留情地处死了她们。

大：您就不怕世人指责您？

曹：怕什么，做大事的人就不怕别人指指点点。再说，大汉王朝已经不行了，而大臣和百姓们都看到了我的功劳和能力，对我寄予厚望，不是吗？

大：不管怎么说，英雄枭雄都难做啊。感谢您的精彩言论，这期节目就此结束，谢谢大家！

广告铺

销毁令

　　我在官渡之战中，缴获袁绍狗贼的大量书信，里面有不少我朝臣子通敌叛国的证据，不过，我打算送大家一个人情，将这些证据统统烧掉。只要大家今后忠心对我，对陛下，以前的事一笔勾销。特此公告。

曹操

征稿启事

　　自被誉为古今第一首叙事长诗的《孔雀东南飞》推出以来，深得广大读者的喜爱。为了弘扬诗歌的现实主义，发展五言叙事诗，特向广大读者征稿。

　　要求：用通俗的语言刻画生活，人物性格鲜明，故事情节完整，并有细节描绘，最好富有浪漫色彩，情节最好以悲剧收场，这样才够吸引读者眼球。

乐府

屯田公告

　　百姓们，战乱已经持续好几年了，很多人都背井离乡，生活得很困难。现在，朝廷考虑到土地大量荒废，官仓里没有粮食，你们也缺少食物，因此推行屯田措施。只要你们愿意回来，申请耕种，官府就为你们提供土地。没有农具、种子和耕牛的，官府也可以提供给你们。收获粮食后，交上来六成；有农具和耕牛的，交上来五成。官府不另外征税，还会派人开挖水渠，保护你们耕种的权利。如果你们觉得这个办法合适，欢迎申请耕种。

丞相府

智者第 4 关

1. 张衡最伟大的发明是什么？
2. 黄巾起义的领导人是谁？
3. 黄巾起义利用的是什么民间组织？
4. 黄巾起义的口号是什么？
5. "一屋不扫，何以扫天下"，说的是谁少年时的事情？
6. "党锢之祸"的结果是什么？
7. 董卓为什么要挟持皇帝，迁都长安？
8. 官渡之战交战的双方是谁？
9. 麻沸散是谁发明的？
10. 把曹操打得割须弃袍的人是谁？
11. 是谁挟天子以令诸侯？

智者无敌 王者为大

智者为王答案

第 ❶ 关答案

1. 公元前221年。

2. 因为他是秦朝的第一个皇帝,"始"就是"开始"的意思。

3. 法家学说。

4. 齐国。

5. 用于抵挡北方匈奴侵略。

6. 陈胜、吴广。

7. 王侯将相,宁有种乎?

8. 被叛徒杀害了。

9. 项羽。

10. 项羽。

11. 明修栈道,暗度陈仓。

12. 当年韩信大军将项羽包围在垓下,韩信命士兵在楚营外唱楚国的歌曲,楚军将士思乡情切,纷纷逃走。其用来比喻人处在一个四面受敌、孤立无援的境地中。

13. 韩信。

14. 陈平。

15. 乌骓马。

16. 因为刘邦从春秋战国的烽烟中明白了,分封异姓诸侯,只会导致自己家族的权力分散,最终被他人夺走江山。

17. 和亲政策。

第 ❷ 关答案

1. 吕后。

2. 因为这个时期在位的皇帝是汉文帝和汉景帝。

3. 汉景帝。

4. 邓通。

智者为王答案

5. 李广因为羞愧而自刎。

6. 董仲舒。

7. "文景之治"时期奠定了良好的经济基础。

8. 张骞。

9. 李广。

10. 卫青。

11. 司马迁。

12. 汉武帝的第一任皇后陈阿娇。

13. 酒类经营权。

第❸关答案

1. 陈汤。

2. 呼韩邪单于。

3. 公元8年。

4. 因为这些改革措施严重触犯了当时地主贵族的利益,遭到他们的极力反对。同时这些改革措施也干扰到百姓的正常生活,得不到下层人民的支持。

5. 舂米。

6. 昆阳之战。

7. 因为他们的眉毛被涂成了红色的。

8. 更始帝刘玄。

9. 公元25年。

10. 刘秀。

11. 杜诗。

12. 王景。

13. 班超。

14. 《汉书》。

15. 《论衡》。

给力的答案!

智者为王答案

第 4 关答案

1. 地动仪。
2. 张角。
3. 太平道。
4. 苍天已死,黄天当立。
5. 陈蕃。
6. 士大夫、国家的忠良等被宦官诛杀殆尽。
7. 因为十八路诸侯讨伐董卓,董卓怕抵御不住,只得逃往长安。
8. 曹操和袁绍。
9. 华佗。
10. 马超。
11. 曹操。